분홍유도선

이풍경 수필집

분홍유도선

초판 1쇄 발행 2025년 6월 30일

지은이 이풍경
펴낸이 이상규
편 집 이원영 김윤정
펴낸곳 에세이문학출판부

출판등록 2006년 9월 4일 제2006-000121호
주소 03134 서울시 종로구 돈화문로 10길 9, 405호(봉익동, 온녕빌딩)
전화 02-747-3508・3509 팩스 02-3675-4528
이메일 essaypark@hanmail.net

ⓒ 2025 이풍경
값 16,000원
ISBN 979-11-90629-48-5 03810

* 저자와의 합의하에 인지는 생략합니다.
* 잘못된 책은 바꿔드립니다.

분홍유도선

이풍경 수필집

에세이문학출판부

작가의 말

최고의 선물

57번째 내 생일이다. 결혼 1년 전 엄마를 하늘로 보냈다. 주민등록상 말소되었으나 내 가슴속에 묻어둔 엄마의 이름은 곽문남이다. 동사무소 직원이 민(旼)을 문으로 읽어 민남이가 문남으로 되어버렸다고 한다. 머리글에 엄마의 이름을 적어 남길 수 있어 기쁘다. 책이 나오는 것을 가장 축하해 줄 사람이기 때문이다. 엄마 없는 하늘 아래 결혼하고, 남매를 키우면서 33년째 직장생활을 하고 있다. 정신없이 살았다. 해외 파병 나가 있는 아들이 보이스톡으로 생일 축하한다고 했다. 가지고 싶은 것이 무엇이냐고 물어, 별 생각 없이 나의 책을 가지고 싶다고 하니, 책 발간하는 데 사용하라며 출판비를 보내준다.

지금까지 살아오면서 나를 위해 고가의 물품을 구매한 적도 없고, 제대로 된 해외여행도 다녀온 적이 없다. 백화점, 공항은 나에게 문턱이 높은 곳이다. 직장 핑계로 자녀에게 사랑을 많이 주지 못했고, 나에게도 참 궁색했다. 그러나 늦게 시작한 글쓰기에 시간을 투자하고, 책을 읽고, 문학회 활동, 기타 동호회 활동을 하는 등 최선을 다하고 있다. 이리저리 써놓은 글을 묶어 내 책을 가지고 싶다는 막연한 소망만 가지고 있었다. 2025년 해맞이하면서 기도했다. 내 책을 가지게 해달라고, 그런데 그것에 대한 응답일까. 뜻밖에 아들 덕분에 실행에 옮기게 되었다.

50살 때 영숙에서 풍경으로 개명하였다. 경찰 재직 중 내 이름은 이풍경(異風警)이란 의미를 담았다. 딱딱하고 건조한 직업이 경찰이지만, 풍격(風格) 있는 경찰로 마감하고 싶다. 퇴직 후 내 이름은 좋은 풍경(風景) 속에서 풍경(風磬) 소리처럼 아름다운 글을 쓰고자 하는 소망을 담았다.

일단, 풍격 있는 경찰이 되기 위해 글을 쓰고 등단하고, 통기타를 배워 봉사활동을 하고 있다. 나름대로 개명한 이름값을 하기 위해 노력하고 있다. 그런 나에게 박수를 보낸다.

살면서 가장 잘한 것이 엄마가 암으로 투병할 때 휴직하여 간병한 것이고, 다음이 여자 경찰관이 된 것이고, 다음이 개명, 다음이 통기타를 배워 공연 봉사를 하는 것, 마지막으로 이렇게 등단하여, 나의 책을 내는 것이다.

옆에서 묵묵히 나를 지켜준 남편, 나의 거울인 딸(예진), 목표를 정해서 돌진하는 아들(진산), 부모님, 시부모님, 나를 경찰이 되도록 조언해 준 언니(인숙), 오빠(종택), 동생(종석), 올해 새로운 식구가 된 욱, 글을 쓰도록 이끌어 준 문무학 선생님, 이상열 선생님, 별의별 동인인 무연 언니, 은주, 무출, 먼저 퇴직한 단짝 동료 은하에게 고마움을 전한다. 당신들이 내 글의 소재였고, 주제이기 때문이다.

마지막으로 종부의 무거운 짐을 지고 집안을 이끌어 오셨던 시어머니께 요즘 유행하는 드라마 제목인 "폭싹 속았수다"는 말을 전한다. 6년 전 시아버지 돌아가시고 시어머니께 제사를 물려받았다. 제사나 명절 등 집안 행사를 치르고 나면 시어머니는 루틴처럼 나에게 "야이~ 야, 속았데이."라고 말씀하신다. 그 말을 들으면 힘들었던 것이 별거 아닌 것이 된다.

오늘 나는 나에게 마법의 주문을 한다.
'풍경아, 속았데이.'

나에게 약속한다. 풍경(風警), 풍경(landscape), 풍경(風磬), 이렇게 내 이름으로 된 세 권의 책을 내기로. 속으며 살은 내가 나에게 주는 최고의 선물이 될 것이다.

2025년 6월

이풍경

Contents

작가의 말 _4

1 ················· 감성 연필

異풍경 _16
엄마와 어머니 _22
감성 연필 _29
분홍유도선 _34
분홍유도선 2 _39
다그닥다그닥 _44
단짝 _50
나이 듦 _55
지를 잡자 _62
ㅇㅇㅅㅋㄹ _66
커피믹스 _72

2 그리움을 잡은 손

헛울음 _80
그리움을 잡은 손 _85
감당 못할 눈빛 _92
물, 안녕! _97
어떻게, 어떡해 _102
고장 난 계산기 _107
家똑똑이, 집을 나서다 _112
2달러와 5센트 _116
독립기념일 _123
폭싹, 속았수다 _129

3 해맑은 덕질

해맑은 덕질 _136
블러그, 그 아름다운 다리 _142
초록 핀 _148
늦은 고백 _153
대구 촌닭 _161
무슨 찔이니? _166
맨발 路 자유 路 _173
좀비 탐구 _177
키큰남이 느끼는 온도 _183
꼬불 면과 직모 면 _190
곁눈질로 느끼다 _195
내 이웃의 영웅들 _201
걸어 다니는 새 _205

4 풍격(風格) 있는 경찰

나! 부수고 나왔어요 _214
남 탓과 일단 나 몰라라 _219
여경의 날에 대하여 _225
처제에게 고개를 숙인 남자 _228
기별 _234
의견서 단상 _238
19禁 _245
흑어 _251
바벨탑 _258
보룡(步龍)이 될 수 있을까 _263
향기 나는 인연 _267

5 ··· 추천의 글

곽문남(엄마) _274
문무학(문학평론가, 시조시인) _276
이상열(문학평론가, 수필가) _278
박무출(별의별, 달서구의회 정책지원관) _280
이은주(별의별, 수필가, 삼덕기억학교 원장) _281
은하(직장 동료) _282

인연

봄이 오니 꽃이 오네
봄이 가니 꽃이 가네
오면 가고 가면 오네

봄이 가고 여름 오네
겨울 가고 새로 봄 오네
가면 오고 오면 가네

한 사람을 글 길로 유도했다. 도로에 그인 분홍유도선이 나를 작가로 이끌었고, 또 다른 이의 인생길 유도선이 되었다. 뜻하지 않게 말이다. 나의 분홍유도선은 또 다른 길로 진화하고 있으리라. 작가가 되었으니 곧 책을 낼 것이라고 사람들에게 소문낸다. 말과 분리되지 않기 위해서 열심히 읽고 쓰리라 믿는다. 그녀처럼 말이다. 그렇게 길은 이어지리라. 서로의 유도선이 되어서 말이다.

_〈분홍유도선〉 중에서

異풍경

　　　　　　나는 누군가 두 번 이상 내 이름을 불러야 돌아보았다. 돌아보면 내가 아닌 경우가 더 많기 때문이다. 이름은 사람의 성(姓) 아래에 붙여 다른 사람과 구별하기 위하여 있는 고유명사인데, 내 이름은 듣는 이로 하여금 알고 지내는 나 아닌 다른 영숙이를 소환하게 했다. 나의 이름값은 세상 영숙의 소환장이 된 것 같다. 고유명사 중 가장 대표적인 것이 이름이다. 내 이름은 고유성 대신 공유성이 있을 뿐이다. 타인과 구별되는 고유한 이름을 가진 친구들이 그렇게 부러울 수가 없었다. 이름에 한이 맺힌 나는 이름을 붙잡고 많이 아파했다.

　대학 동아리 후배 Y와 친하게 지냈다. 지금은 연상연하 커플이 많지만 그때만 해도 흔하지 않았다. 우연히 Y가 노트에 '영숙이 누나를 사랑한다.'는 그 문장을 보고 얼마나 설레었던가. 연하의 사랑을 어떻게 받아들여야 하나 고민했는데, 알고 보니 내가 아닌 같은 이름의 동기생이었다. 같은 이름으로 인해 시시콜콜한 일이 많았다. 그때마다 상처를 입었다. 흔한 이름 때문에 나의 인생 무대는 엑스트라가 될 수밖에 없는 운명이라며 기가 죽었다.

사람에게 끌리는 시간은 채 2분도 안 된다고 한다. 외모와 이름이 처음 끌림을 끌어내는데 평범한 외모와 흔한 이름에 묻혀 관심을 받지 못했다. 솔직히 나는 관심 병(病)이 있어 남에게 내 이름을 말할 때 우울했다. 이것이 내가 앓은 이름 병이었다. '나의 이름은 ○○이다.' 이름 병을 이겨내기 위해 ○○에 넣을 이름을 열심히 찾았다. 어릴 때 찾은 이름은 달래, 찔레, 동백, 나리, 수선 등 꽃 이름이었다. 그때는 꽃 이름이 가장 고유성이 있다고 생각한 것 같다. 청소년기에는 공부 잘하고, 예쁘고, 부잣집 친구의 이름을 찾았다. 색깔 이름이 좋아 보라, 초록, 파란도 넣어 보았다. 세례명 이름이 좋아 성당에 가서 세례까지 받았으니 이만하면 중증의 병이 아닌가.

어느 날 신문에서 우리나라에 성과 이름을 합쳐 가장 많은 것이 '이영숙'이라는 기사를 보았다. 성마저 흔하다 보니 이 수모를 당한 것이다. 25년 전 운전면허증 갱신 업무를 하였다. 60대 여인이 건넨 면허증에 '○이년'이 적혀 있었다. 통상 민원인 이름을 부르는데, 차마 이름을 부르지 못했다. 면허증을 건네며 "둘째 딸인가 보죠?"라고 말했다. 갑자기 그 여인이 나를 바라보더니 울먹였다. "평생 이 이름 때문에 한이 맺힌 사람이에요. 너무 감사해요." 여인은 자신의 마음을 알아주어 감동한 것 같았다. 그 아픔을 알기에 그녀에게 위로의 말을 할 수 있었다.

2005년 11월 16일은 나에게 역사적인 날이다. '대법원 2005스26 결정', '개명을 엄격하게 제한할 경우 헌법상의 인격권과 행복추구권을 침해하는 결과를 초래할 우려가 있는 점 등 종합하여…. 개명을 허가하는 것이 상당하다.' 나는 물개박수를 쳤다. 나의 의지와 상관없이 정해진 이름, 그것을 바꾼다는 것은 판결문처럼 나의 인격권과 행복추구권을 돌려받는 것이기 때문이다. 이제 나는 꿈을 실현할 수 있게 된 것이다.

꿈꾸던 개명이 가능해졌는데도 불구하고 쉽게 바꾸지 못했다. 개명의 기회는 한 번뿐이기 때문이다. 쉰 살이 되던 해, 부모가 준 이름을 반백 년 사용하였으면 예의를 다했다고 생각하고 먼저 아버지에게 허락받았다. 오랜 고민 끝에 영숙은 '풍경'으로 결정했다. 이름으로 사용하기에 생경한 느낌이 들었다. 개명 신청하기 전 블로그, 페이스북, 카톡에 이름을 '풍경(영숙)'으로 2년 정도 사용하였다. 지인들은 처음에는 대부분 "풍경? 별로다."고 반응했다. 시간이 좀 흐르니 "자꾸 보니 괜찮네."라고 했다.

'풍경'의 의미는 경찰관으로 재직할 때는 '풍격(風格) 있는 경찰'이요, 퇴직 후에는 '아름다운 경치를 즐기며 여유롭게 사는 사람', 바람에 흔들려 멀리 소리를 전하는 풍경(風磬)처럼 '아름다운 글을 전하는 사람'이 되자는 것이다. 한자를 넣으면 뜻이 정해져버리기에 한자를 넣지 않았다. 내 이름을 듣고 자유롭게 느끼게 하고 싶었다. 2017년 '영숙(英淑)을 풍경(풍경)으로 개명하는 것을 허가한다.'라고 적힌 결정문을 받았다. 개명 이후 누군가가 풍경이라고 부를 때, 이름을 적고 서명할 때 쑥스러웠다. 처음에는 다른 사람의 것을 빌린 것 같았다. 이름 도둑 같았다.

그러나 시간이 지날수록 '풍경'은 나의 고유명사가 되어간다. 풍경이 좋다고 하지, 굳이 나쁘다고 표현하지 않고, 풍경은 긍정, 밝음, 아름다운 호응을 이끈다. 개명 후 이상하게도 내가 하고 싶은 일을 하게 되었다. 새로운 사람들을 만나면 통성명한다. 사람들은 나에게 호기심을 보이고, 알 수 없는 무언가를 기대한다. 그러면 나 또한 더 열심히 무언가를 보여주기 위해 노력하게 된다.

"세상 풍경 중에서 제일 아름다운 풍경, 모든 것들이 제 자리로 돌아가는 풍경" 시인과 촌장이 부른 〈풍경〉 가사이다. 세상 가장 아름다운 풍경은 바로 지금 내가 있어야 할 이곳이다. 그것을 모르고 허황된 욕망에 잡혀 사는 건 아닌지 생각해 보게 하는 노래다. 이 노래도 개명 후 알게 되었다. 인터넷에 풍경을 검색하다가 호기심에 성까지 넣어 '이풍경'을 검색했다. '異풍경 : 특이하거나 색다른 풍경'이다. 다른 사람과 생각이 약간 독특한 것은 느끼고 있었으나, 그동안 같은 이름의 영숙과 나누어 사용하다 보니, 내 고유의 성향을 남에게 보여주지 못했다. 이름이 바뀌면서 나의 모습을 당당하게 드러내기 시작했다. 사전적 의미를 찾아, 캡처하여 지인에게 보내니 "이풍경이 異풍경이네."라 한다.

이름 병을 치유하기 위해 혼자 수천 개의 이름을 짓고, 이름에 의미를 부여하다 보니, 자연스럽게 생각이 깊어지고 사고가 유연해진 것 같다. 포기하지 않고, 쉼 없이 나의 이름을 찾아 결국에 좋은 이름을 갖게 되었다고 생각한다. 이제는 이름에 걸맞은 행동을 해야 그 이름이 진정한 내 것이 된다는 것을 깨달아 이름값을 하기 위해 최선을 다하고 있다. 오늘도 습관처럼 희망을 부르는 이름을 지어 본다. ○○

은 '가득', '은총', '태동'을 지었다. 그렇게 나는 異풍경스럽게 주접을 떨며, 오늘도 나 같은 관종에게 선사할 이름을 찾고 있다.

2024년 《동서식품》 7~8월호

엄마와 어머니

"엄마, 나야. 엄마, 학교 언제 와?" "응, 알았어. 그 때 봐, 엄마." 전화를 받으니, 딸이 갑자기 평소 날 부르던 어머니가 아니라 엄마라고 불렀다. 이상하다 싶어서 "예진아 왜?"라고 해도 에둘러 말하고 전화를 끊어버렸다. 남들이 들으면 정말 아무렇지도 않을 일이지만, 우리 집은 다르다. 고등학생인 딸이 전화로 나를 '엄마'라고 부른 것이 그야말로 사건이 되는 것이다. 나는 반갑기도 하고 놀랍기도 해서 한동안 어쩔 줄 몰랐다. 이게 도대체 무슨 일인가.

전화를 끊고 한참 멍하게 있었다. 엄마라는 그 호칭을 듣고 떨림이 있었기 때문이다. 그날 저녁 집으로 돌아와 "예진아, 아까 낮에 왜 어머니라 부르지 않고 엄마라고 했어?" 딸에게 조심스럽게 물어보았다. 딸은 등교하면 자율박스에 휴대전화기를 반납하고, 하교하면서 찾았다. 담임 선생님이 조회 시간에 그날 예정된 학부모 회의에 부모님 참석 여부를 알아보라고 해서 줄지어 공중전화로 부모에게 전화를 걸게 된 것이라고 했다.

딸은 초등학교 6학년 2학기에 전학하여 친구들에게 따돌림당한 경험이 있어 친구들 눈에 띄는 것을 싫어했다. 친구들이 모두 집에 전화해서 엄마라고 부르는데 혼자 어머니라 하는 것이 부끄러워서 그랬다고 했다. 내가 생각지도 못한 답변이었다. 딸의 그 말에 당황하지 않을 수 없었다. 하지 않아도 될 마음 걱정을 딸이 하게 해서 미안하고, 그렇게 만든 남편이 처음으로 원망스러웠다.

남편은 모든 일을 소신껏 밀고 가는 스타일인데, 좋을 때도 있지만 이렇게 엉뚱한 일이 생기기도 한다. 결혼과 동시에 남편은 대화할 때 존대어를 써달라고 부탁했다. 말을 놓고 지내면 평소 좋을 때는 아무 문제가 없지만, 서로 다툼이 있을 때나 의견 차이가 있을 때 함부로 말을 뱉어 지울 수 없는 상처가 될 수 있다고 했다. 그럴 수도 있겠다는 생각이 들어 그러기로 했다.

결혼 전 남편감에 대한 세 가지 바람이 있었다. 자상한 사람, 두꺼운 손을 가진 사람, 고등어 같은 사람이었다. 결혼 1년 전, 엄마와 신랑감을 구하기 위해 맞선을 보러 다니던 중, 엄마가 갑자기 돌아가셨다. 엄마의 빈자리를 채워줄 수 있는 사람을 배우자가 되게 해달라고 기도했다. 그 사람은 여동생이 넷이나 되는데 오순도순 잘 지내는 것을 보니 그렇게 해줄 것 같았다. 부모님이 농사짓는 일을 자주 도와서 손이 두텁고, 손가락이 굵었다. 그 두터운 손이 날 잘 보호해 줄 것 같았다. 고등어 같은 사람이란 엄마가 살아 계실 때 남자는 고등어형과 갈치형이 있는데, 둥글 넓죽하면 고등어이고, 기다랗고 뾰족하면 갈치라며 엄마가 만든 남자의 유형이다. 예민한 나에게 고등어형이 어울린다고 늘 말씀하셨다. 맞선을 보고 오면 엄마가 어떤 형인지 물었다. '고등어'라고 말하면 좋아하셨다. 남편은 칠 남매의 맏이고, 종손이었다. 일반적인 결혼 조건으로서는 좋은 조건은 아니지만, 고등어형의 외모가 마음에 들어 결혼을 결심하게 되었다. 홀로서기하는 나에게 엄마가 주신 선물이라고 생각했다.

　결혼 후 같이 생활하다 보니 자연스럽게 "응, 싫어, 조금만, 기다려." 코맹맹이 소리로 반말이 섞이게 되었다. 남편은 '말을 놓는 것에 예민하니, 말을 높여 달라.'는 내용이 담긴 장문의 손 편지를 직장으로 보내왔다. 편지까지 보내는 것을 보니 예사롭게 생각할 것은 아니다 싶어 따라 주었다. 나는 상대의 주장이 바르다고 생각하면 따라 주는 스타일이라 좋은 게 좋다 싶어 되도록 존대어로 말했다. 그런데 아이들이 태어나서 말을 하게 되자 아이들에게도 존대어 가르치기를 고집했다. 나는 그런 일이 앞으로 어떤 영향을 가져올지 깊이 생각하지 않고 남편이 하는 대로 따르기만 했다.

아이가 말을 배우기 시작하자 남편은 엄마, 아빠가 아니라 어머니, 아버지라고 가르쳤다. 한 음절도 겨우 하는 아이에게 세 음절로 된 단어를 가르쳤으니 쉽게 될 턱이 없었다. 특히 아들은 유난히 말이 어눌했다. 하루는 아파트 놀이터에서 놀던 아들이 멀리서 아버지가 걸어오는 것을 보자 반가워 기저귀를 찬 채 뒤뚱거리며 뛰었다. 유별나게 침을 많이 흘려 목에 하얀 가재 손수건을 두르고 침을 흘리며 어눌하게 "아∨버∨지", "아∨버∨지"를 반복해 부르면서 뛰어갔다.

한꺼번에 세 음절 말이 나오지 않아 한 음절씩 쉬어가며 띄엄띄엄 천천히 나름 리듬을 맞추어 반복적으로 아버지를 부르니, 이걸 지켜보던 이웃들이 너무나 신기하게 생각했다. "아이고, 저 꼬맹이가 아버지, 아버지 하는 것 좀 보래." 하며 놀랐다. "어떻게 저렇게 잘 가르쳤나." 아버지, 어머니라고 존대어를 하니 아이들이 참 귀해 보인다고 했다. 나는 그런 칭찬이 싫지 않았고, 남편의 교육방식이 옳다고만 생각했다.

휴대전화기로 딸 이름을 말하며 납치했다는 전화를 받은 적이 있다. 손이 떨렸다. 딸이라며 바꾸어 주었다. 그런데 "엄마, 나 예진이야."라고 말을 해서 피싱인 것을 금방 알아차린 에피소드도 있다. 어머니니깐.

그러나 보이는 게 전부가 아니었다. 아이들에게 상처가 되었다. 엄마는 쉽게 부를 수 있는 말이다. 입술을 붙였다 떼면 나오는 그 말, 그렇게 쉬운 말 대신 어려운 말을 배우고 사용해야 했다. 결국 아이들은 아랑곳하지 않고 부모 잣대로 부르게 한 것이다. 그것은 결국 힘든 소리만큼 거리를 만들었다. 음절 수만큼 마음의 벽이 형성되었다. 나는 마음껏 엄마를 부르면서 살아왔는데 내 딸이 나를 엄마라고 부르고 싶어도 그렇게 부르지 못하고 어머니라고만 불러야 했으니 얼마나 답답했을까. 가슴속에서 무언가 치밀어 오르며 마음이 울컥했다.

아들도 엄마라 부르고 싶었나 보다. 코로나로 인해 아들이 2년 정도 집에서 인터넷 강의를 듣다 보니 자연스럽게 이야기를 많이 나누게 되었다. 미국에 1년 정도 있다 와서 다소 서먹한 틈에 미국 친구들이 부르는 '마마' 리듬으로 약간 버터 섞인 말로 '엄마'라는 말을 자주 사용하였다. 자연스럽고 참 듣기 좋았는데 남편은 아들을 나무랐다. 아들은 습관처럼 입을 다물어버리고 말았다. 침묵만큼 거리가 만들어졌다. 사실 아이들과 나 사이에는 벽이 있었다. 엄마라 부르는 가정과 달리 스킨십에 서툴렀다. 호칭에서 갖게 된 거리감 때문이란 걸 뒤늦게 알게 되었다.

오디션 프로그램에서 무명 가수가 결승전에서 자작곡 〈엄마〉를 불렀다. 6분 정도 구성된 곡으로 '엄마' 가사가 스무 번 정도 나온다. 심사위원은 엄마를 부르는 건 반칙이라고 하였다. 엄마라는 소리만으로도 감성을 불러일으키며, 실시간으로 국민투표가 진행되는 상황이기 때문이다. 할머니가 엄마보다 더 오래 사셔서 내가 아버지에게 투정한 적이 있다. "아버지는 엄마가 살아 있어 아직 아이잖아요. 나는 엄마가 없어 어른이에요." 엄마가 돌아가시면 어른이 되어야 하기 때문이다. 엄마라는 말은 아무리 나이가 많은 사람도 아이가 되게 하는 마법의 주문이기 때문이다.

'엄마'가 그립다. 엄마는 5천만 한국인에게 있는 이름이며, 5천만 개의 시이다. 개개인에게 하나뿐인 존재이며, 존재의 근원이다. 부르는 소리는 나라마다 조금씩 다르지만 태어나서 부르는 첫 이름으로 가장 쉽게 소리 낼 수 있다. 불러도, 노래해도, 글로 표현해도 싫증이 나거나 구태의연하지 않은 그런 제재이다. 통기타 동호회에 70대 남성이 아흔이 넘은 모친 생신 잔치 때 가족 앞에서 통기타로 〈엄마꽃〉을 노래했는데 눈물바다가 되었다고 한다. 그 말이 생각나서 혼자 기타를 치면서 그 노래를 불러보니 마지막 소절 '엄마, 엄마.'라고 부르는 소절에서 목이 멘다. 나이가 드니 눈물이 줄었지만 '엄마'라는 말은 막히지 않는 눈물샘이다. 엄마는 누구에게나 가슴에 묻어둔 감성덩어리인 것을 통감하면서 눈물을 훔친다.

'엄마'는 따뜻하고, '어머니'는 서늘하다. 돌아가신 엄마가 그리운 만큼 나도 '엄마'이고 싶다. 나의 엄마는 단 한 사람이며 아이들에게도 한 사람, 바로 나다. 딸이 전화로 엄마라고 할 때 내 가슴에 이상한 떨림이 있었다. 내 아이들에게도 따스한 '엄마'를 찾아주고, 나도 잃어버린 엄마를 찾아야겠다. 가족 카카오톡에 글을 올린다. "오늘도 우리 잘해보자, 엄마." 너무 오래 어머니로 살아서 낯설지만 부르고 부르다 보면 내 이름이 되지 않을까. 잃어버린 따스한 그 이름, 엄마를 찾을 수 있겠지.

감성 연필

타인의 글밭을 보다 보면 낯선 단어를 수확한다. 사전을 찾는다. 책 여백에 연필로 뜻을 적는다. 요즘은 컴퓨터, 스마트 자판으로 글자를 쓰는 일이 대부분이라 연필을 잡은 손 근육이 약해져 글자가 반듯하지 못해 사실 내 글도 못 읽는 경우가 허다하다. 그나마 연필은 밀리지 않고 글자가 반듯해져 알아보기 쉽다. 연필 특유의 빨판이 있어, 획과 획 사이 자발적 짧은 브레이크 타임에 글자를 쓰면서 글의 질감을 느끼게 된다. 속도가 다소 늦은 대신 꼼꼼하게 글자를 완성한다. 연필을 깎으며 원하는 굵기의 심으로 만들어 가는 과정, 연필심과 종이가 마찰하면서 내는 쓱싹거리는 소리, 연필대를 잡으면 학생의 감성으로 돌아간다. 지우개로 지우면 종이 위에 연하게 남은 연필의 흔적을 좋아한다. 연필은 대개 원통형의 나뭇조각에 흑연을 중심에 끼워 넣어 만든 필기도구다. 1565년 영국에서 처음으로 만들었다고 한다. 볼펜은 시간이 지나면 잉크빛이 바래지지만, 연필은 흑연 가루가 종이 표면에 파고 들어가 보존성이 압도적으로 좋다.

내가 초등학교에 입할 때는 다음 해 2월생까지 갈 수 있었다. 그런 아이를 '빠른'이라고 말한다. 나는 3월생이라 '빠른' 입학을 할 수 없었지만, 친구가 학교 간다고 하여 막무가내로 따라가게 되었다. 마침 이모부가 그 학교 선생님이라서 쉽게 입학하게 되었다. 아무것도 준비되지 않는 나는 왼손으로 연필을 잡았다. 왼손잡이기 때문이다. 그 당시에 왼손으로 글을 쓰면 장애인이었다. 담임 선생님은 시골 학교에 초임지로 발령받아 순수한 열정이 있으셨다. 선생님은 수업 끝나고 남으라고 했다. 요즘 말로 방과 후 수업이었다. 선생님은 오른손으로 글자를 쓰게 했다. 왼손잡이인 나는 오른손으로 글자를 쓰고, 세상 다수가 만든 방향이 아니라 왼쪽으로 써 내려갔다. 도저히 안 되어 선생님은 한 달 동안 나의 글 길을 잡아주셨다. 참 어려운 글쓰기의 길이었지만, 선생님이 잡아주어 오른손으로 글씨 쓰기에 성공했다. 왼손잡이는 그렇게 오른손 사회에 알림장을 내밀고 거울에 비친 삶인 좌우가 바뀌는 삶을 살게 되었다.

다음 해 대구로 전학을 오게 되었다. 대구가 직할시가 되면서 한시적으로 경북에서 대구로 전학 길을 열어주었기 때문에 대구 전학이 러시를 이루어 3부제 수업까지 하였다. 한 반에 학생이 80명 정도였다. 담임 선생님은 학생 이름도 제대로 알지 못하였다. 학부모가 찾아오기만 하면 그 자녀는 선생님의 사랑을 받는 것을 여러 번 목도하였다. 불편한 진실이었다. 그때는 선생님이 신적인 존재였다. 학교에 오지 않는 엄마 때문이라고 원망했으나 힘든 형편을 알기에 말을 하지 못하였다. 시골에서 선생님이 글 길도 잡아주는 등 관심을 받았으나, 도시에서 느끼는 소외감은 나를 힘들게 하였다. 왕따가 심했다. 짱이 있었고, 추종하는 친구들이 있었고, 짱 마음에 안 들면 중심에 입성 못하고, 변방을 겉돌았다. 나는 자발적으로 변방에 서 있었다. 자존심은 살아 있어 짱을 신주 모시듯 할 수 없었기 때문이다. 그때부터 회피하는 것이 편하다는 것을 알게 되었다.

그러던 어느 날이었다. 맨 앞에 앉은 짝인 여자애 두 명이 심하게 다투었다. 한 아이는 얼굴이 뽀얗고, 엄마의 치맛바람으로 선생님에게 관심을 받는 아이고, 다른 아이는 얼굴이 좀 까무잡잡했고 나처럼 변방을 지키는 아이였다. 까무잡잡한 아이는 늘 뽀얀 아이의 시녀처럼 행동하였는데, 그날은 받아주지 않았다. 뽀얀 아이는 피해자 코스프레를 하였다. 친구들은 뽀얀 아이가 짝을 무시해서 일어난 것을 알았기에 약자의 편이었다. 수세에 몰린 것을 느낀 뽀얀 아이는 백설 공주 캐릭터가 있는 2단짜리 자석 필통을 열었다. 필통에 공주 캐릭터가 그려진 연필이 가득했고, 전부 심이 길고 뾰족하게 깎여져 있었다. 연필을 꺼내고 칼을 끄집어냈다. 연습장에 칼로 연필심을 갈았다. 검정 쇳가루처럼 되었다. 짝을 쳐다보며 소리치더니 연필심 가루를 입에 넣었다. 순식간에 아이들은 그 애 주변에 몰려 다독여 주었고, 동정했다.

그 순간 까무잡잡한 아이가 아무 생각 없이 자신의 필통을 열었다. 어떤 캐릭터 그림도 없고 자석도 아니었다. 필통에는 지우개도, 칼도 없었다. 뽀얀 아이의 연필심 길이 반도 안 되는 무채색의 뭉뚝한 연필 세 자루만 덩그러니 있었다. 그 애는 연필심을 부러뜨렸다. 그러고는 연필심을 오작오작 씹어먹었다. 나는 숨이 멎었다. 뽀얀 애를 다독이던 아이들이 일순간 그 애 쪽으로 몰렸다. 지금 생각하니 슬픈 이야기다. 그때는 선생님의 관심을 가지면 우등생이 되는 경우가 많았다. 뽀얀 아이는 부잣집 딸이고 공부를 잘했던 것 같다. 부잣집 딸은 동정표를 받기 위해 멋진 필통을 과시하면서 자랑질하듯 연필심을 갈아 먹었다. 가난한 아이는 칼도, 캐릭터 그림도, 자석 필통도 없었다. 퍼포먼스를 할 도구가 없었다. 어쩔 수 없이 살기 위해 연필심을 부러뜨려 먹을 수밖에 없었다. 그 씹는 소리가 나에게는 너무 크게 들렸다. 정말로 나는 연필심을 먹으면 죽기라도 하는 줄 알았는데…. 어쨌든 연필심을 통째 먹은 아이가 역전승한 것으로 기억한다.

근무하는 책상, 집 서재에는 연필과 연필깎이가 나란히 놓여 있다. 읽은 책에는 연필로 깨알같이 무언가를 적는다. 다 읽고 난 책을 펼쳐보면 여기저기 연필로 적은 흔적이 보인다. 그때는 무언가를 이룬 것 같아 뿌듯하다. 연필을 잡으면 일곱 살 때 오른손을 잡아주던 선생님의 손길이 느껴진다. 부자의 증표인 백설 공주 캐릭터가 있는 2단 자석 필통이 생각나고, 두 아이의 다툼이 생각난다. 간단한 메모까지 스마트폰에 타이핑으로 저장하는 시대를 살고 있다. 필기하는 행위는 점차 일상생활에서 멀어져 가고 있다. 이런 시류라면 연필 필기는 행위 자체를 감성적으로 즐기는 마니아들의 전유물이 될 것 같다. 게다가 중국의 값싼 연필이 많아져 국내 연필 제조사가 문을 닫고 있다고 한다. 성냥 공장처럼 연필 공장이 사라져버리게 될 것 같아 책상 서랍 한 칸을 비워 연필을 모으고 있다. 오늘도 컴퓨터 자판으로 글을 쓰고, 책 한 소절 읽고, 멋진 문구에 연필로 줄도 긋고, 단어 뜻을 찾아 활자 없는 여백에 적어본다. 연필에 감성이 묻어난다. 그럼 내 마음에도 감성이 피어난다. 나는 연필을 잡으면 어린아이가 된다. 마법에 걸린 나는 추억이 묻은 연필을 차마 놓지 못한다.

2023년 《에세이문학》 봄호 초회 추천작

분홍유도선

　　나는 길치(길癡)다. 운전할 때 내비게이션(내비)이 알려주지만 헷갈리는 곳이 있다. 좌회전, 우회전 차로가 여러 개 있는 경우다. 왼쪽 한 시 방향, 오른쪽 네 시 방향 등 내비가 지시한다. 나는 내비에게 말한다. "어디로 가라는 말이니?" 노선을 벗어나면 내비는 형광등처럼 깜빡거리다 다시 길을 안내한다. 그땐 내비가 눈을 감으며 나에게 "바보니?"라고 되묻는 것 같다. 몇 차례 다닌 길도 늘 같은 지점에서 헷갈린다. 그날도 혹 길을 잘못 찾아들어서 창원으로 가는 고속도로로 진입할까 봐 노심초사하였다. 운전대에 몸을 붙이고 돋보기를 쓴 사람처럼 뚫어지게 앞만 바라보았다. 내비가 "첫 번째 우회전 차로, 도로 위 분홍색 유도선을 천천히 따라가세요."라고 한다. '와, 분홍 선, 이거 만든 사람 노벨평화상 받아야 해.' 분홍 선으로 따라가며, 느긋하게 핸들을 잡았다.

　나는 결정장애다. 구두를 사러 가서 운동화를 구매할 정도다. 선택과 결정이 어렵다. 인생길에도 분홍색 유도선이 있으면 얼마나 좋을까. 지금껏 살면서 배우자를 선택하고 결정하는 것이 가장 힘들었다. 남편을 구하기 위해 여러 차례 맞선을 보러 다니던 중, 엄마가 하늘나라로 가버리셨다. 혼자 남은 나는, 힘들게 남편을 선택하고 결혼을 결정하였다. 그는 시골 골짜기에서 자랐다. 종손이고, 학자로 고지식하였다. 사실 그가 논리를 펴고 결정을 잘해서 결혼하게 되었기에 처음엔 논리가 맞으면 무조건 따랐다. 그것이 편하기도 하고, 책임도 따르지 않기 때문이었다. 그러나 막상 결혼하고 살아보니 고지식한 논리를 따르기가 쉽지 않았다. 어느 날 언니를 만나 이야기를 나누고 있는데 집에서 전화가 왔다. 휴대전화에 '감옥'이라고 떴다. 언니가 걱정스럽게 물었다. "그렇게 힘드니?" 아무 생각 없이 적었는데, 곰곰이 돌아보니, 주장이 강하고 보수적인 사고의 그와 사는 것이 참 답답했었나 보다.

　어느덧 그가 환갑이 되었다. 연초에 어지럽고 속이 매슥거린다고 하였다. 주위에 물어보니 뇌경색일지도 모른다고 한다. 빨리 병원에 가보라고 하였다. 공휴일이라서 종합병원 응급실에 갔다. 지금까지 병은 나의 몫, 병간호는 남편 몫이었다. 결혼을 사흘 앞두고 교통사고로 응급실에서 여섯 시간에 걸쳐 수술 받을 때 그가 옆에서 병간호했었다. 두 아이를 출산할 때도 친정 엄마의 몫까지 대신해 주었다. 이후 몇 차례 입원하였을 때도 옆에서 나의 손과 발이 되어주었다. 그런데 역할극이 바뀌어 그가 응급실 침대에 누워 있다. 그는 링거를 꽂는 간호사의 손길을 유심히 본다. 태어나 처음으로 링거를 맞으니 신기했나 보다. 검사 결과를 기다리기까지 오랜 시간이 걸렸다. 피로가 몰려왔다. 침상 옆에 앉아 엎드렸다. 그가 화장실 갔다 올 테니 잠시 침대에 올라가 누워 있으라고 하였다. 그런데 금방 잠이 들어버렸다. 눈을 떠보니 남편이 보호자 의자에 앉아 있고, 내가 침대에 누워 있었다. 그렇게 20분 동안 잠이 들었는데 측은해서 깨우지 않았다고 한다.

 덩치가 있는 그가 지금껏 나를 지켜주는 역할을 했다. 그는 고지식하지만, 큰일이 생기면 선택하고 결정을 잘했다. 그래서 나는 편하게 따르기만 하면 되었다. 나는 투덜거리면서 그가 제시한 길을 따랐다. 침상에 누워 있는 것을 보니 겁이 났다. 묘사, 제사, 벌초, 아이들 결혼, 시어머니 병간호, 주마등처럼 나 혼자 결정해야 할 일이 스쳐 갔기 때문이다. 옆 침상에는 여든이 넘어 보이는 할아버지가 누워 계신다. 몸이

앙상한 겨울나무 같다. 몸에 소변 주머니가 달려 있고, 링거가 여러 개 꽂혀 있다. 눈을 뜨기도 힘든 상황이지만 한 번씩 눈으로 할머니를 그윽하게 바라본다. 할머니가 그의 손과 발이 되어 옆에서 지켜준다. 인디언 체로키족에겐 'I Love you'란 말이 없다고 한다. 대신 'I Kin ye'라는 말을 자주 사용한다고 한다. 나는 너를 이해한다는 의미다. 부부는 생활을 같이하면서 길들어졌기 때문이리라.

  누워 있는 그의 얼굴을 유심히 바라보니 눈꺼풀이 처져서 눈동자가 잘 보이지 않았다. 세월의 무게가 느껴진다. 그에게 이래저래 불평만 했던 것 같다. 좀 세워줄 것을 그깟 돈이 무어라고 그렇게 무시했었나. 그는 최선을 다했지만, 부귀도, 명예도, 사람도 자꾸 비켜 갔다. 그렇지만 한눈팔지 않고 한길을 갔고, 묵묵히 우리 가족이 가야 할 길을 선택하고 결정해 주었다. 그를 데리고 병원 내 검사실을 왔다 갔다 했다. 따라다니는 모습이 어린아이 같았다. 어차피 왔던 길을 돌아가는 것이 인생인데, 왜 그리 욕심부리며 살았을까. 검사 결과 달팽이관이 늙어서 생기는 어쩔 수 없는 증상이라고 하였다. 의사는 얼굴을 천천히 돌리고 천천히 일어나라, 신경을 많이 쓰지 말고 많이 걸어라, 걸으면서 많은 것을 보라고 하였다. 의사의 말을 따르고 나니 많이 호전되었다. 다행이었다. 손으로 가슴을 쓸어내렸다. 마음의 짐이 너무 컸기 때문이다.

　민원인이 미로 같은 길 때문에 힘들게 사무실을 찾아온다. 논의 끝에 복도 바닥에 '민원상담실'로 가는 분홍유도선을 그리게 되었다. 묻는 사람도, 대답하는 사람도 한결 편하게 되었다. 찾아가는 서비스가 아니라 유도선 서비스라 생각하며 웃어본다. 시계는 하루에 두 번 같은 길을 갔다가 다시 돌아온다. 인생도 시계와 같다. 한 바퀴 돌 동안 결혼하고, 아이들 키우고, 아이들을 독립시켰다. 그와 한 바퀴를 같이 돌았다. 이제 하늘로 되돌아가는 길을 가고 있다. 나이가 들면 마음도, 몸도 어린아이로 되돌아가는 것 같다. 그런데 나는 아직 왔던 길을 못 찾고 있다. 그도 매한가지다.
　이제는 서로 이해하며 돌아가는 길을 찾아갈 수 있도록 서로의 유도선이 되어야 할 것 같다. 좀 더 건강한 사람이 약한 사람의 손과 발이 되면서…. 이게 부부의 남은 몫이 아니겠는가. 그와 비슷한 시기에 하늘로 돌아가고 싶은 것이 소망이다. 죽음은 되돌아올 수 없는 곳이기 때문에 저절로 고개가 숙어진다. 홀로 남아 죽음을 맞이한다는 것이 두렵다. 죽으러 가는 길에도 분홍유도선이 있으면 얼마나 좋을까.

2023년 《에세이문학》 가을호 완료 추천작

분홍유도선 2

　　　　　이상하게 끌리는 사람이 있다. 그 끌림은 설렘이 되고, 때로는 새로운 인연이 되기도 한다. 그녀에게서 그것을 예감하였다. 독서토론 모임에서 몇 번 보았다. 선정된 책을 읽고, 깨알같이 정리해 온 그녀, 고민한 흔적이 엿보였다. 그녀에게 겸손함과 온화함을 느꼈다. 지난달 모임에서 그녀가 갑자기 "내년에 정년퇴임 후 문예창작학과 대학원에 갈 겁니다."라고 인생 계획을 이야기했다. 사실 그런 말을 나눌 만큼 친한 사이가 아닌데도 말이다. 말을 한 후에 부끄러운 듯이 말의 책임을 지기 위해 먼저 소문부터 낸다고 조심스럽게 말하였다. 직장에서 최고 높은 지위에 있다는 그녀, 역시 성공한 사람은 다 이유가 있다고 생각하였다.
　수필가의 꿈을 꾸고 글을 쓴 지 2년이 되어 간다. 글을 쓰는 데 집중하니 사물을 좀 더 깊게, 넓게 보게 된 것 같다.

공모전에서 큰상을 받아 등단하고 싶었는데 실력이 부족하여 턱밑에도 닿지 못했다. 상을 받기 위한 글을 쓰다 보니, 고리타분하고 정형화된 글이 되고 있다. 규칙을 따르다 보니 말이다. 대한민국 문단은 튀는 것을 받아들이지 않았다. 물론 기성작가가 있는 곳에 들어가려면 규칙을 따르는 것이 예의지만, 자유로운 것을 좋아하는 나에게는 그 형식이 맞지 않았다. 그래도 일단 들어가는 관문에 나를 맞추어 등단하게 되었다.

내 글이 등단작으로 실린 문학지를 받았다. 책 속에 글이 놓이니 품격이 있어 보였다. 같은 글인데 노트북에 실릴 때와 사뭇 느낌이 달랐다. 책을 받아보니 선뜻 전해줄 사람이 떠오르지 않았다. 읽지도 않을 책을 받아 방치하다 결국 버려지는 것이 상당수 책의 현주소란 것을 알기 때문이다. 양심상 문학지에 4페이지 정도 실린 책을 내놓기가 쉽지 않았다. 직접 주기가 무엇해서, 우편을 이용하였다. 책을 받고 적극적 답이 오는 사람이 몇 명 안 되었다. 글에 대한 자신이 없어져 다섯 권은 갈 곳을 찾지 못하고 있었다.

며칠 전 독서회 모임을 끝낸 후, 열성적으로 준비해서 토론하는 그녀의 모습을 보고 끌림이 생겨 근무지에 책을 보냈다. 카톡 답장이 왔다. 내 글을 찾아 읽었으며, 공감받았다고 했다. 사회화된 사람의 겉치레 인사라고만 생각했다. 며칠 뒤 그녀에게서 카톡이 왔다. 문학지 담당자에게 '이번 호 등단한 지인(나의 이름을 거론하며)에게 책을 선물로 받아 읽어 보니 좋아 구독 신청한다. 이 기회에 글을 많이 읽고 쓰겠다.'는 내용의 문자를 보냈더니 답변이 왔다며 주고받은 카카오톡을 캡처해서 보내주었다. 담당자는 나의 〈분홍유도선〉이 그녀가 글을 쓰는 길을 유도했다는 답변이었다. 나의 글이 휘발된 것이 아니라 사람들 마음에 잠시 머물렀다고 생각하니 가슴이 뛰었다.

〈분홍유도선〉은 2023년 《에세이문학》 가을호에 추천 완료된 작품이다. 길치인 내가 헷갈리는 도로에 그려져 있는 분홍유도선을 따라 운전하니 너무 좋았다. 오십 년을 걸어온 나는 인생길에서도 길치이다. 남편이 갑자기 건강에 적신호가 와서 응급실에 잠시 입원하고 옆에서 간호하였다. 갑자기 혼자 하늘로 돌아가는 것이 두렵다는 생각이 들었다. 인생길에도 분홍유도선이 있으면 얼마나 좋을까, 그런 내용이다. 의도치 않게 다른 사람의 유도선이 된 것을 보고, 글이 주는 힘을 느꼈다.

딸이 갑자기 소리를 질렀다. "어머니, 아버지는?" 주무신다고 하니 "어쩌지 방에 벌레가 있는데."라고 하였다. 그래서 내가 딸의 화장대 위에 있는 딱정벌레를 맨손으로 잡아, 창문을 열어 바깥 창틀에 내려놓고 창문을 닫았다. 딸이 놀란다. 예전에는 그런 경우, 무작정 벌레를 잡아 휴지 사이에 넣어 푸른 물이 나오도록 자근자근 눌렀는데 말이다. 나는 말했다. "그렇게(죽게) 할 이유가 있겠나. 자신이 사는 곳으로 돌려보내면 되지 않을까." 딸은 갑자기 내 눈을 보며 이야기했다. "역시 작가는 다르네, 어머니 좀 멋있다. 어머니 글 보고 사실 울었어요."라고 했다. 딸에게도 책을 건네기가 부끄러워 우편으로 보낸 탓이었다. 딸의 이야기 속에서 내 글에 공감받은 느낌을 받았다. 가족에게 인정받는다는 것이 가장 어렵다는 것을 알기에 나의 가슴은 뛰었다.

    1939년 발표된 조지 오웰의 《1984》에 의하면, 미래의 거리에 "전쟁은 평화, 자유는 예속, 무지는 힘"이라는 구호가 있다. 독재자는 개인의 자유를 말살하기 위해 말과 과거를 통제한다. 사회를 전복할 여지가 있는 과거의 역사와 글을 없애는 것이 지배층의 임무가 되어버렸다. 1930년대 전체주의에 대한 반발로 40년 지난 미래상, 디스토피아(dystopia)를 그린 이 작품에서 나는 단어를 선택하고, 글을 창조해 내는 자유가 얼마나 행복한 것인지 새삼 깨닫게 된다. 한 사람을 글 길로 유도했다. 도로에 그린 분홍유도선이 나를 작가로 이끌었고, 또 다른 이의 인생길 유도선이 되었다. 뜻하지 않게 말이다. 나의 분홍유도선은 또 다른 길로 진화하고 있으리라. 작가가 되었으니 곧 책을 낼 것이라고 사람들에게 소문낸다. 말과 분리되지 않기 위해서 열심히 읽고 쓰리라 믿는다. 그녀처럼 말이다. 그렇게 길은 이어지리라. 서로의 유도선이 되어서 말이다.

2024년 《에세이문학》 여름호

다그닥다그닥

"딩동댕 딩동댕"은 싱어송라이터 송창식이 기타 여섯 줄에서 나는 소리를 문자로 표현한 것이다. 평소 기타 치면서 노래하는 것을 좋아하여 상여금을 받아 새 기타를 마련하였다. 예쁜 소리가 나도록 한 줄, 한 줄 정성스럽게 건드려 본다. 귀 기울여 들어보니 여섯 줄에서 정말로 딩동댕 딩동댕 소리가 난다. 기타 줄에서 나는 소리를 글자로 찾아낸 가수의 표현력이 놀랍다. 애정을 가지고 사물을 들여다보면, 사물과도 공감이 되나 보다. 악기 소리가 문자가 되듯이 말이다.

노래 가사를 읊조리다 나를 돌아보게 된다. 나의 아픔을 제대로 알고자 하는 사람은 없다. 내 가슴에 품은 상처는 스스로 치유해야 하고, 힘들 때 기도처럼 나의 이야기를 쓰다 보면 통증이 없어진다. 그것을 알기에 글을 써야 한다는 채무를 안고 살면서도 도전하지 못했다. 그러다가 3년 전 우연히 신문 광고에서 '서평 쓰기 회원 모집'을 보고 참여하게 되었다.

3개월간 서평 쓰기 공부를 마치고 책 두 편을 읽고 3천 자 서평을 제출해야 했다. 작가에 대한 것, 줄거리, 느낌, 좋은 구절, 책 선정 동기, 비평, 책을 추천하는 이유를 단락으로 나누어 가독성 있게 만드는 작업이 쉽지 않았다. 처녀작이라서 그럴까. 가슴에 품고 못다 한 말을 엄마의 잔소리처럼 쏟아내어 다소 글이 무거웠다.

회원이 제출한 서평을 모아 주최한 출판사에서 서평집을 발간했다. 노트북 화면을 들여다보며 "다그닥다그닥" 키보드 자판을 쳐서 그림을 그리듯 써 내려간 글이 노트북의 한글 파일이 아닌 책으로 만나니 색달랐다. 아직 필력이 부족해 문장이 매끄럽지 않았고, 사유가 부족해 평에는 한참 부족한 독후감 수준의 글이지만 책 속에 나의 글이 있다는 것 자체만으로 신선한 감동이었다.

서평 쓰기 모임에서 마음이 맞는 다섯 명이 글쓰기의 부족함을 느껴 본격적으로 수필을 배우기로 하였다. 모임을 주도한 A가 작가 선생님을 여러 번 찾아가 승낙 받아 시작하게 되었다. 선생님은 처음 '후회되는 일'에 대해 3천 자를 써 오라고 하셨다. 낙서처럼 일상을 조금 긁적인 것이 전부였고,

주제를 가지고 글을 쓰는 것은 처음이었다.

후회되는 일을 적으면서 많이 울었다. 살아온 날에 대한 고해와 기도의 시간이었다. 타임머신은 과거의 나로 돌아갔다. 돌아가신 엄마, 할머니, 어린 나, 나의 아이들, 돌아가며 과거의 인연이 나를 울렸다. 나도 모르게 포장된 나의 자아가 벗겨져 갔다. 인생이 양파인 것처럼 까도 까도 눈물이 마르지 않았다. 아침에 눈이 퉁퉁 부어 있는 나를 보며 남편은 글 쓰지 말라고 했다. 너무 힘들어 보인다고.

그런데 이상하게도 울고 나니 마음이 가뿐해졌다. 마음이 정화되면서 맑은 마음으로 사물을 깊이 바라보게 되었다. 내가 풀지 못한 가슴속 응어리를 글로 토해 내었다. 나의 추억을 찾아 떠나는 나만의 여행에서 글로 놀다 현실 속의 나로 돌아왔고, 늦게 시작해서인지 책읽기와 글쓰기에 진심이었다. 한 달에 한 번 모여 합평하면서, 서로의 포장된 마음을 열기 시작했다. 그렇게 2년 정도 같이 하면서 감동을 주는 글은 화려하고 수려한 문장이 아니고 솔직한 고백이라는 것을 부지불식간에 알게 되었다.

서평 쓰기를 수료하고, 같은 출판사에서 운영하는 독서 모임에 참여하게 되었다. 매월 1회 정해진 책을 주제로 토론한다. 1년이면 12권, 10년이면 120권이다. 토론한 책은 서평을 꼭 작성하고 있다. 10년 동안 참여하면 120편의 나의 서평이 만들어진다는 단순한 생각과 수리적 결과만 생각하고 참여하고 있다.

　독서 모임 온라인 카페에 '백날 글쓰기' 방이 개설되어 참여자가 각자 방에 매일 글을 올린다. 참가하는 사람은 다른 사람의 방에 들어가 읽어볼 수도 있다. 그리고 간단하게 댓글도 달고, '좋아요' 등 공감 버튼도 누른다. 처음에는 여러 사람이 살펴본다는 마음에 나를 포장하면서 다소 고급 단어를 사용하려고 노력하였다. 그러나 하루, 이틀 지나면서 글감이 떠오르지 않고 임무 수행을 위해 떠밀려 쓰다 보니 가공 없는 날것 그대로의 글로 채워졌다. 오히려 그런 문장이 사람의 마음을 움직였다.

　운동, 음악을 잘하는 사람들은 한결같이 몸에 힘을 **빼야** 한다고 말한다. 글도 마찬가지다. 어울리지 않는 고급 단어를 빌려 쓴 흔적의 글은 식상했다. 오히려 일상의 단어로 단순하면서 자연스럽게 쓴 글이 사람에게 더 감동을 준다는 것을 알게 해주었다. 처음에는 1백 자 채우는 것도 힘들었는데 이제는 1천 자 정도 매일 쓸 수 있게 되었다.

　책은 온라인 시대 아날로그 감성의 최후 보루라고 생각한다. 지난 3년간 모은 책이 서가에 꽉 찬다. 이제는 꽂을 자리가 부족하다. 그래서 읽고 싶은 책은 일단 온라인 도서관에서 검색해 보고 있으면 지하철역 무인 도서관에서 책을 받는다. 책 대여 신청 후 며칠 뒤 무인 도서관에서 책 받을 때까지의 기다림, 그리고 책과 처음 실물로 맞이할 때의 설렘이 좋다.

먼저 빌려본 사람들이 남긴 손때, 그들이 느낀 감동의 증표로 살그머니 그은 밑줄에서 공감을 나누기도 한다. 아마 지우려다 못 지운 흔적 같았다. 책을 읽다 보면 신기하게도 책은 또 다른 책을 부른다. 요즘은 책을 사는 기쁨보다 책을 빌려 보면서 낯선 사람과 공감하는 기쁨이 더 크다.

책을 읽는 것에서 그치지 않고 서평을 쓰고, 일상을 글로 표현하면서 나를 숙성시키고 있다. 책 속에서 멋진 단어, 문장을 찾고, 그 문장을 독서 노트에 적을 때 풍성해지는 기분이 든다. 요즘 사람들은 유튜브, 쇼츠, 틱톡 등 동영상을 공유하며 쉽게 정보를 얻은 것처럼 생각하지만, 그 정보는 쉽게 온 만큼 쉽게 사라진다. 그러나 이렇게 손으로 적은 것은 느린 만큼 기억에 오래 남아 부지불식간 문장의 틈에 적절하게 녹아 나를 세우게 된다.

오늘도 나는 늦은 시간 책상에 앉아 노트북을 켜고, 글을 써 내려간다. 글은 나를 비추는 현미경과도 같은 것이며, 어떨 때는 주객이 전도되어 글에서 나를 찾기도 한다. 마음이 있으면 반드시 기회가 온다. 글쓰기에 대한 채무를 안고 살아가다 50대 중반 우연히 서평 쓰기 모임 광고를 보고 참여한 후 글쓰기와 책읽기에 집중하며 멋진 세계를 경험하고 있다.

통기타 가수에게 기타가 인생의 부제라면 내 삶의 부제는 '읽기와 쓰기'가 되었다. 나에게 책읽기는 나를 건축하는 질료요, 글쓰기는 형상화하는 작업이다. "다그닥다그닥"은 나를 건축하는 소리다. 어느덧 노트북 '나의 수필 이야기' 파일에 새로운 글이 놓인다.

단짝

　　장갑 한 짝이 떨어져 있다. 조금 전 누군가의 손에서 사뿐히 떨어졌나 보다. 아직 밟힌 자국이 없다. 얼른 주워 주인을 찾아주고 싶지만, 수많은 사람이 지나가는 길에서 찾아줄 방법이 없다. 조금 지나면 한 사람, 두 사람, 연이어 밟혀 쓰레기가 될 것이다. 내가 주워도 한 짝은 무용지물이다. 잠시 머뭇거리다 애써 외면한다. 잃어버린 사람은 뒤늦게 장갑이 한 짝밖에 없는 것을 발견하지만 어디서 잊어버렸는지 알 수가 없을 것이다. 어디로 가야 찾을 수 있을지 모른다. 다른 방법이 없다. 남아 있는 한 짝을 만져보지만, 한 짝으로 무엇을 하리오. 예쁜 포장지에 담긴 선물이었는데 어찌하리오. 버릴 수밖에···.

　　왼쪽 고무장갑이 구멍이 나서 버렸다. 남은 한 짝을 버리려니 아깝고 안 되었다. 이전에 차마 버리지 못하여 보관한

한 짝이 생각났다. 꺼내 보니 오른쪽이다. 곰곰이 생각하다 급기야 한 짝을 뒤집었다. 그래서 한 켤레가 되었다. 물건에 닿는 미끄럼방지 돌기가 안쪽에 있어 내 손에 닿으니, 물건을 잡을 때 브레이크 역할을 했다. 이것도 나름 괜찮았다. '나는 왜 이렇게 남은 한 짝을 보면 마음이 쓰일까!' 어쩌면 사실 밝은 것처럼 웃으며 긍정의 아이콘처럼 행동하지만, 마음은 고독하고, 부정적인 생각과 걱정을 많이 하기 때문인가 보다.

나는 물건에 대한 애착도 강하지만, 반면에 필요 없다고 생각하면 버려야 직성이 풀린다. 버리면 그만큼 공간이 생긴다. 그래서 섣부르게 수집하지 않는다. 수집의 기쁨보다 버리고 나서 생기는 여백이 더 좋기 때문이다. 한동안 팽개쳐 둔 신발장을 정리하였다. 버릴까 말까 늘 고민한 신발이 몇 켤레 있었는데 결국 버리기로 했다. 깨끗이 정리하고, 마지막에 신발장에 살균 소독제를 뿌렸다. 버릴 신발은 신발장 앞에 내놓았다. 딸에게 나가는 길에 헌옷 수거함에 넣어달라고 부탁했다. 다음 날 아끼던 운동화를 신으려니 한 짝밖에 없지 않은가. 한 짝이 딸려가 수거함에 들어간 것을 뒤늦게 알게 되었다. 관리사무실에 연락하여 재활용 수거하는 사람의 연락처를 받아 전화하였다. 집에 남은 운동화 한 짝 사진을 보내면서, 수거함에 있으면 돌려 달라고 부탁했다.

수거함에 넣은 날이 주말이라 희망을 가졌다. 그 사람은 '그곳은 재활용 가능한 것을 넣어야 하는데, 사진을 보니 닳은 신발인데 왜 그곳에 넣었냐.' 따지듯 말하였다. 내가 말했다. "그렇게 보여도 아끼는 운동화에요. 신는 데 이상 없어요. 부탁드려요." 이런 사람이 있나 싶어 분노가 치밀어 올랐지만 참았다. 재활용되지 않는 물건을 넣는 사람이 많아 쌓인 스트레스를 이참에 푸는 것 같았다. '그래, 마음껏 외쳐라. 신발만 찾으면 된다.' 내가 고개 숙여 이야기한 덕분에 찾아보고 있으면 연락하겠다는 말을 겨우 받아냈다. 그러나 끝내 연락이 없었다.

하얀색 어그 운동화다. 평소 상설 할인 매장이나 온라인 쇼핑몰에서 운동화를 주로 사는데, 그 신발은 백화점에 가서 직접 신어보고 샀다. 마음에 들어 가격도 생각하지 않고 구입하였다. 키가 작고, 다리가 짧은 나에게 아군과 같은 운동화이기 때문이다. 굽 속에 6센티미터가 숨어 있었다. 그렇게 한동안 한 짝만 집에 놓아두었다. 보름 정도 지나 언더핸드 투수처럼 한 짝을 재활용 수거함에 던져 넣었다. 남은 미련도, 섭섭함도 함께 던져버렸다. 너와의 인연은 이제 끝났다.

절교한 친구가 생각난다. 중학교 때 늘 함께 다녔다. 친구는 어릴 때 엄마가 돌아가셔서 또래보다 조숙하였다. 나도 육체적 성장이 빠른 편이라. 서로 마음이 통하였다. 10년 이상 붙어 다녔다. 친구가 결혼하여 서울로 이사를 하여서 한동안 만나지 못하였다. 취미로 블로그에 글을 쓰게 되었다. 어느 날 친구가 연락이 와서 반가움에 "내가 블로그를 하는데 들어가 읽어봐."라고 하면서 블로그 주소를 알려주었다. 예전에 친구와 편지를 주고받았는데, 그때 "너는 글이 남달라 쉽게 읽히고, 공감된다. 너 그거 아니?"라고 자주 말했기에 반가운 마음에 블로그 소개를 하였다. 친구의 그때 그 말이 글을 쓰게 하는 동기가 되었기 때문이다.

 친구에게서 전화가 왔다. "너는 나를 그렇게밖에 생각하지 않았니? 너는 친구가 아니야. 어떻게 나의 상처를 그렇게 말하니. 나의 글 지워." 나는 영문도 모르고 절교당했다. 무엇이 그렇게도 그 애를 화나게 했을까. 친구 이야기가 나온 글을 비공개로 전환하면서, 나 또한 진심을 그렇게밖에 보지 못하는 친구가 섭섭했다. 가까운 사람의 상처가 되는 이야기는 쉽게 하면 안 된다는 것도 배우게 되었다. 그렇게 단짝 친구와 생이별했다. 참 아쉽다. 가장 오래된 친구인데 말이다. 준비 없이 추억을 같이한 사람과 이별하였다.

 사람도 단짝이 있고, 물건도 단짝이 있다. 나에게 맞는 것이 따로 있다. 비싸다고 나에게 좋은 것도 아니고 잘 생기고 똑똑하다고 단짝이 될 수 있는 것도 아니다. 나의 성향에 맞고, 편하게 와닿아야 한다. 누구라도 그러하듯이 자신의 단짝이 되는 잣대는 까다롭다. 나의 단짝을 찾아본다. 가사가 귀에 들어오는 노래, 카페에서 커피와 빵 한 조각 먹는 것, 책을 읽고 고민하며 쓴 서평을 블로그에 올릴 때 느끼는 성취감, 노래하는 가수의 이야기를 연대기로 그려가는 것, 그런 것이 내 삶의 단짝이다. 단짝의 요소들이 나의 얼개가 된다.

  단짝의 대상은 계절처럼 바뀌어 간다. 내가 필요한 사람과 필요한 물건을 선택하여 정을 나누며 살아가고 있다. 그런 것들이 내가 살아가는 힘이 된다. 단짝이 많이 있을 필요는 없다. 내 손가락으로 셀 수 있을 정도면 된다. 그래서 사람 다이어트도, 물건 다이어트도 필요하다. 헤어질 결심도 하지 않았는데, 단짝을 잃었을 때 상처는 깊다. 그래서 의도하지 않게 떨어진 물건을 보면 이렇게 안타깝다. 오늘도 나는 나의 단짝인 사람과 소품을 챙긴다. 준비하지 않는 이별은 싫기 때문이다.

2025년 《동서문학》 제21호

나이 듦

"어머니, 풀 어디 있어요?"라고 시어머니에게 물으면 고개로 서랍장을 가리키며, 단어가 바로 나오지 않아 눈짓을 먼저 한 뒤 연이어 말씀하신다. "그, 그 위에 그 안에 있잖아?" 그럼 나는 어김없이 "그가 어딘데요?"라고 반항적으로 되묻는다. 그것이 참으로 답답했는데 나이가 들어가니 나도 닮아간다. 사무실 후배와 대화 중 아들의 이름을 부르기도 하고, 옆에 직원과 무심코 이야기하다 "당신"이라고 말하여 서로 당황하기도 한다. 보고서를 작성하는데 용어가 생각이 나지 않아 공란으로 둔 후 단어 메꾸기를 수시로 한다.

 오늘도 지워지려는 명사를 되살리기 하고 있다. 책을 읽으면서 잊혀가는 단어를 따라 써보기도 하고, 사람의 이름을 자꾸 말해본다. 그러다 보면 무언가를 알게 되는 것 같은데 며칠 지나면 또 입에서만 맴돌며 "그, 뭐더라, 예전에 주인공만 하고, 아내가 화교였던 남자 배우, 눈이 동그랗고." 그러기를 반복한다. 마음속으로 '아이고, 명사를 지워지지 않게 하소서.' 이렇게 기도하지만 늘 휴대폰을 찾는 것이 일상 풍경이 되었다. 이렇게 지워지다 보면 백지가 되는 거 아닌지 모르겠다. 결국 백지로 왔다 백지로 가는 것이 인생일까. 인생학을 끌어내어 셀프 위로한다.

고등학교 친구들 모임이다. "그 애 있잖아, 국어 선생님 좋아하던 애, 서울에 있는 대학교 간 애, 얼굴에 점이 많고 단발머리를 한 친구와 같이 다니던 애, 눈웃음 지으며 배시시 웃던 애, 한쪽에 보조개가 진하게 있던 애." 전부 그 애의 이미지를 떠올리며 너도나도 한마디씩 한다. 나는 말한다. 우리 이름 빼고 그 애를 다 기억하고 있네. 친구들이 그 애의 이미지를 떠올리며 그 애처럼 눈웃음치며 배시시 웃는다. 다른 이야기를 하다가 갑자기 내가 "정씨 맞지?"라고 물꼬를 트면 드디어 그 애의 이름 석 자가 나온다. 스무고개를 맞추는 느낌으로 반갑게 이름을 맞이한다. 이름이 나와야 마침표를 찍을 수 있다. 살아가는 것은 늘 그렇게 이름(명사)이 나와야 정리가 된다.

표정이나 스토리는 기억나는데 이상하게 이름이 기억나지 않는다. 이름이 어디 사람 이름뿐이랴. 테이크아웃이라는 용어가 생각나지 않아 '그, 들고 가는 것.'이라는 말을 무시로 한다. 통기타에 장착된 전기장치를 픽업이라고 하는데 그것이 수시로 기억이 안 나, 기타를 들며 전기 꽂는 장치, 그거, 그렇게 말한다. 전문용어 하나 제대로 능수능란하게 사용하지 못하는 나는 기타 경력 5년이지만 초보 통기타 등급이 매겨진다. 카페 이름이 기억 안 나 '그 블랙 앤 레드 무늬 있는 카페 있잖아.'라고 말한다. 왜 용어가 바로 떠오르지 않는 것일까. 뇌가 녹아버린 것일까. 생각을 안 해서일까. 이래저래 떠올려본다. 기억력 감퇴인지, 인지장애인지 잘 모르겠다. 그 중심엔 휴대폰이 있다. 휴대폰에 의존하다 보니 기억하는 기능이 더 빨리 퇴화되는 것 같다.

써놓은 글에도 명사는 몇 개 안 된다. 단어가 적은 만큼 무지해지는 걸까. 전직 대통령이 말하는 것을 보면 단어가 채 100개도 안 된다는 말을 들은 적이 있다. 그때는 그 대통령이 무식하다고 생각했는데 나도 그 나이가 되니 이해가 된다. 단어가 자꾸 떠오르지 않는 현상이 자연적일까. 오디션 프로그램 참가자처럼 나를 심사위원 앞에 세워보면 그만하면 중증이라고 심사할 것 같다. 그러나 또래들과 이야기를 나누면 안심이 된다. 조금 전처럼 그나마 성이라도 먼저 떠올렸던 것을 보면 자연스러운 현상인 것 같기도 하다. 나이가 들면 선배가 준다. 늘어나기만 하는 후배를 보면서 하루 땡볕이 무섭다는 생각을 자주 한다. 막힘없이 명사가 바로 나오는 후배들의 모습이 마냥 부럽다. 후배가 한 번씩 선배인 나를 부러워할 때마다 '내 거 줄 테니, 내 나이 가져가.' 하면 눈동자가 동그랗게 변한다. 부러운 건 젊음이다.

이름만 실종되는 것이 아니고, 귀도 멀어서 사람의 입 모양과 같이 보지 않으면 단어들을 흘려보낸다. 후배들이 무슨 이야기를 하고 있는데 고개를 들고 쳐다보지 않으면 무슨 말인지 연결이 안 된다. 심지어 끊긴 대화들을 혼자 연결하여 이상하게 각색한다. 섭섭해하다가 왕따가 된 것 같아 삐지기도 한다. 늙어간다는 것은 어쩌면 다시 어릴 적 마음으로 되돌아가는 것 같다. 더 단순해진다. 치매 노인들의 보편적인 초기 증상이 타인이 내 물건을 가지고 간다고 의심하는 것이라고 한다. 어릴 적 자신밖에 몰랐던 그 마음으로 자꾸 돌아가는 것 같다. 자꾸 비워지다 보면 그렇게 아이가 되는 것일까. 몸은 늙으나, 마음은 아이가 되는 자가당착에 빠져 더 외로운 것 같다. 계속 단어를 찾고, 잊어버리기를 반복하고 있다. 루틴처럼.

혼자 그거, 그거가 뭘까, 이름 찾는 여행을 하고 있다. 하나를 찾으면 또 다른 하나를 잊고, 찾았는데 며칠 뒤 또 기억 안 나 또 그거를 찾는다. 한심해서 허탈하게 웃어본다.

지우개가 달린 연필을 쳐다본다. 기억은 하는데 기억은 유독 명사만을 지운다. 나는 어제 ○○○을 만나, ○○○에 가서 영화를 보았다. 영화 제목은 ○○○였고, 남자 주인공은 ○○○고, 키가 190센티미터, 잔근육을 많이 만들었다. 눈이 매력 있다. 나는 어제 본 영화의 영상을 떠올리나 대부분 명사는 지워지고 없다.

유명한 가수의 콘서트를 가고 싶어도 티케팅이 어려워 가지 못하는데 우연히 관람권을 선물 받아 관람하게 되었다. 친구 모임에서 작년에 보았다고 자랑했다. 자랑질했으니 무언가 관람한 것을 기억해 말을 해야 하는데 기억이 안 났다. 억지로 기억을 떠올리니 공연 촬영을 못하게 하려고 주최 측에서 관람객에게 소지하고 있는 휴대폰의 카메라를 막으라며 준 스티커, 끝날 무렵 가수가 말을 타고 나왔던 기억이 나서 말하니, 친구가 되묻는다. 어떤 색 말을 타고 나왔냐고. 어떤 색이었는지 도통 기억이 안 난다. 머뭇거리니, 마치 내가 보지도 않은 공연을 보았다고 거짓말하는 사람 같았다. 다른 친구는 진짜 말(馬)이 맞냐고 또 묻는다. 그 말을 듣는 순간, 친구 말처럼 진짜 말이 아니었나 싶을 정도로 나의 기억은 비어 있었다. 나는 말했다. 어쩌노, 그게 기억이 안 나네, 그게. 그렇게 혼자 울분에 차서 소심하게 되뇌었다. 집에 돌아와서 돌이켜보니 진짜 말이 맞았고, 말의 색깔은 기억나지 않았다. 무대 조명이 꺼지고, 얼마 뒤 가수가 휘황찬란한 승마복으로 갈아입고 갑자기 관중석에 등장했기 때문에, 말에 관해서는 관심을 가지지 않아서란 것을 너무 늦게 기억해 냈다.

내 기억이 지우개 달린 연필 같다. 연필아 왜 그러니, 연필 지우개로 제발 지우지 마, 연필은 나에게 말한다.

'지우면서 살아, 너무 많이 경험해서 그래. 그럼 명사를 남기고 나머지를 지울까. 선택해. 무언가는 지워야 너의 오늘을 담을 수 있어. 명사만 남으면 무엇하니 너의 감성, 느낌, 그런 것들이 더 소중하지 않니? 굳이 선택해야 한다면 감성과 느낌을 지우는 것보다는 명사를 지우는 게 나아. 감성까지 없으면 식물인간이니깐. 로봇이니깐.'

나는 답한다.

'그래 맞아. 명사는 자꾸 말하다 보면 저절로 나오기도 하고, 더디지만 휴대폰 검색하면 되니깐. 챗GPT도 있고.'

나는 업무보고서를 작성한다. ○○○은 실체적 진실을 말하지 않지만, 정황적으로 ○○○의. 다시 공란을 여기저기 찾아서 끼워 넣는다. 늙는다는 것은 지워진 명사를 부사로 대체하여, 좀 더 느리게 살아가는 것이리라. 그래, 부사라도 많이 채워보자, 그러다 보면 명사가 한둘 남아 있겠지, 지우다 만 흔적이라도 있을 테니깐. 연필에 달린 지우개는 성능이 좋지 않아 흔적을 많이 남기니깐. 지우고 남은 흔적을 찾는다. 흔적에 돋보기도 놓아보고, 휴대전화기 카메라 빛도 쬐어본다. 미처 찾지 못한 명사를 찾아 부지런히 공란을 채운다. 나의 한쪽은 기억의 우체통을 자꾸 비우고, 다른 한쪽은 낱말 맞추기를 수시로 하면서 살고 있다. 오늘도 말이다. 그, 그거, 뭐더라, 그렇게 반복하고. 글램핑, 오토캠핑장, 홈쇼핑 그렇게 채우고 있다. 비우고 채우고, Ctrl + Z를 부단히 하고 있다. 오늘도 명사의 빈자리를 바라보며 '그거'라며 말한다.

  사라져가는 기억을 되살리기 하면서도 살아가는 이유는 또 다른 오늘이 기억으로 채워지기 때문이다. 결국 잃어버린 기억은 그렇게 묻어둔 채 흘러간다. 색 바랜 필름처럼 흐릿해지고, 희미해진 잉크빛처럼 그렇게, 서서히 사라진다. 세상에 유일무이한 나도 그렇게 사라지는 것이겠지. 이 모든 것이 나를 조율하는 과정이 아니겠는가.

지를 잡자

　시골 마을에 초등학교 저학년인 머슴아와 가이내가 있었다. 학교에서 리본에 '쥐를 잡자'라는 문구를 적어, 옷에 달라고 했다. 머슴아는 리본 안에 획수가 많은 쥐를 쓰는 게 힘들었다. 애를 먹고 있는데 가이내가 와서 "바보야, 지라고 쓰면 되잖아."라며 검지로 '지'를 쓰면서 말했다. 머슴아는 옆집 누나가 정말 고마웠다. '지를 잡자'라고 힘차게 쓴 리본을 가슴에 달고 당당하게 학교에 갔다. 머슴아는 그날 담임 선생님에게 한글도 모른다고 회초리로 맞았다. 고사리손으로 많은 획수를 그 좁은 공간에 담으려니 얼마나 힘들었겠나. 그 이유도 모른 채 매를 든 선생님도 아이의 마음을 따라잡으려면 멀었다는 생각이 든다. 그리고 굳이 힘들게 살지 말라는 그 가이내의 삶의 방법도 놀랍다.

저녁 9시면 신데렐라처럼 혼자 집에서 나와 집 앞에 있는 초등학교 운동장 걷기를 한다. 트랙을 한 바퀴 도는 데 2분도 채 걸리지 않는다. 사람들은 시계 반대 방향으로 돌면서 자기에게 맞는 방법으로 걷기를 한다. 사람마다 걷는 속도가 다르지만, 앞사람과 부딪치지 않게 각자 거리를 두고 돈다. 나는 그 시간 좋아하는 노래 한 곡을 반복해서 들으며 따라 부른다. 트인 공간이라서 노래해도 다른 사람에게 제대로 들리지 않기 때문이다. 이곳은 나의 운동장인 동시에 자연 노래방이다. 그날도 노래를 부르며 걷고 있었다. 그런데 나와 반대 방향으로 젊은 부부가 돈다. 2분마다 그들과 마주친다. 나는 그들과 마주할 때면 위축되어 마음속으로 노래한다. 그렇게 20분 정도 불편하게 어색한 만남을 하면서 트랙을 돌았다.

분노가 일었다. 나의 자유 공간이 침해받았기 때문이다. 마주치는 부부 앞에 멈추어 서서 용기를 내어 물었다. "궁금해서 그러는데 왜 굳이 다른 사람들과 다른 방향으로 도시나요?" 여자가 거침없이 답한다. "저도 서로 불편한 것은 알지만, 한쪽으로만 걸으면 신발이 한쪽만 닳는다고 해서 반대로 돌아요." 이상한 논리였으나, 그 당당함이 정의를 이기는 순간이었다. 단순한 내 머리가 형광등이 된 기분이다. 나는 사실 부부가 죄송하다고 하면서 방향을 바꾸거나, 아니면 왼쪽으로 돌든, 오른쪽으로 돌든 당신이 무슨 상관이냐며 따지는 두 개의 시나리오만 생각했기 때문이다. 생각지도 못한 논리에 대응하지 못하였다. 그들은 그들 방향으로 나는 나의 방향으로 돌았다. 마음 같아서는 나가고 싶었지만, 그들의 논리에 굴복하는 것 같아 미련하게 20분 정도 어색한 만남을 하면서 걸었다. 그들이 운동장을 나가는 것을 보고서야 집으로 돌아왔다. 바보처럼 말도 못하면서 내가 뒤에 나오는 것이 정의의 마지노선이라도 되듯이 말이다.

집에 돌아와서 남편에게 "당신들 그렇게 신발 닳는 것이 아까우면 맨발로 걷든지, 아니면 좌우가 똑같은 고무신을 신든지, 혼자서 기세등등한 두 명 앞에서 일방적으로 당했어."라며 억울해하니, 남편은 웃으면서 말한다. "당신들의 편의를 위해 다른 사람들이 불편하면 안 되잖아요. 신발은 도는 방향에 따라 닳는 것이 아니고, 걸음걸이에 따라 닳는 것이 달라집니다. 그렇게 말했어야지."라고 웃으며 말한다. 그들이 잘못된 것이라며 공감해주어 위로가 되었다.

한 달 정도 지났다. 그날은 심하게 바람이 불어서 운동하는 사람이 거의 없었다. 그 부부가 그날과 같이 거꾸로 걷고 있었다. 그런데 또 한 명의 아주머니가 그들과 같은 방향으로 멀리 떨어져 돌고 있는 것이 아닌가. 갑자기 단순한 내 머리가 또다시 형광등이 된다. 어떻게 해야 하나, 내가 말한

정의는 다수결의 논리였는데, 나의 정의로 따지면 거꾸로 돌아야 한다.

나는 트랙을 벗어나, 운동장 모서리를 크게 돌면서, 내가 늘 걷는 방향으로 돌았다. 홀로 도니 마음이 편안해졌다. 학교 운동장에서 보이는 아파트와 아파트 사이에 보름달이 꽉 찼다. 둥근달이 너 잘하고 있다고 하면서 회색의 눈으로 웃음을 보내는 것 같다. 지를 잡자고 이야기하던 가이내는 이런 상황이면 아마도 다수가 도는 방향으로, 그 부부를 따라 돌지 않았을까. 다수의 마음은 수시로 변하니깐. 원칙을 지키려는 답답한 나보다 지를 잡자는 그 가이내의 여유가 부럽다. 마, 자존심 그거 버리고 나면 세상이 편하다. 뭐 하러 굳이! 어차피 지구는 둥근데. 이리 가나, 저리 가나….

ㅇㅇㅅㅋㄹ

ㅇㅇㅅㅋㄹ이 무엇일까? 아이스크림이다. 실제 사용되는 상점 상호다. 온전한 글자보다 나는 이 초성의 배열이 더 강하게 와닿는다. 만약 간판에 '아이스크림'이라고 했다면 이렇게 강렬하게 다가오지 않았을 것이다. 'ㅋ페'라고 되어 있는 곳도 있다. '카페'다. 이것 또한 앞의 표현이 더 강하게 와닿는다. 우리말을 자세히 살펴보면 신기한 것이 많다. 래퍼들이 라임을 맞추는 방법이 참으로 신기하다. 예를 들자면 '시에서 라임이 살G, 영미 시 유럽 시를 보면 라임이 맞G, 우리 시에서도 라임이 있G. 그 라임을 사람들은 좋아하G.' 이런 것이다. 이렇게 말을 가지고 장난하는 것이 우려되는 부분도 있지만, 재미있고 임팩트가 있다는 것은 사실이다.

내비게이션에 'ㅊㄹㅇㄷㅇ' 초성을 넣으면 '청라언덕역'이

검색된다. 상호, 관공서 등 초성만 넣으면, 대부분 검색되는 것이 참으로 신기하다. 애들을 키울 때 같이 차를 타고 장거리를 가면서 차 안에서 단어 놀이를 했다. 단어를 거꾸로 하여 원래 말을 찾는 스피드 퀴즈였다. 두 음절인 경우는 그나마 쉬웠다. 그러나 세 음절이 되면 머리를 많이 써야 한다. 예를 들어 '붕어빵'이면 '빵어붕'이라고 묻는다. 그럼 아이들이 한참을 생각하다 '붕어빵' 한다. 네 음절이면 헷갈린다. '국민한대'는 '대한민국'이 된다. 차창으로 스쳐 지나가는 단어가 질문의 대상이 된다. 퀴즈 놀이를 하면 할수록 죽은 머리의 세포가 살아나는 느낌이 든다. 나는 거리를 걷다 상호를 보면 초성으로 말해보고, 거꾸로 말해보기도 한다. 그럼 느낌이 온다. 한글의 원리가 느껴지는 것 같다. 그렇게 초성을 갖고 노는 것이다.

   길을 가다가 이름 모르는 나무, 새, 꽃을 보면 그 이름이 궁금하다. 70년대 방영되었던 〈말괄량이 삐삐〉란 연속극이 있었다. 당시 동년배 아홉 살 삐삐를 보면서 참으로 신기하고 힘이 났다. 상상 속 유쾌한 거짓말이 멋스러워 같이 따라 하고 주제곡을 수백 번 따라 불렀다. 삐삐는 아빠가 준 여러 가지 물건 중에 물속에서 꽃을 피우는 조개를 보며 이름이 무엇일까 생각하다가, 갑자기 '스핑크'라는 단어를 생각한다.

뜻도 모르고 그 단어를 발명했다고 즐거워하며, 친구 토미, 아니카와 같이 온 동네를 돌아다니며 그 이름을 찾는다. 세상에 분명히 그 이름이 있다고 확신한다. 혹시 괴물일지도 모른다고 생각하고 삐삐가 사는 집 '뒤죽박죽 별장'에 들어오면 잡을 수 있게 함정도 만들고, 사탕 가게에서 "스핑크 주세요."라고 주문도 한다. 몇 날 며칠 '스핑크'를 찾아 돌아다녔으나 찾지 못하였다. 결국 집으로 돌아와 발견한 이름 모르는 벌레가 '스핑크'라며, 여러 번 이름을 불러준다.

 산을 오르는데 나무에 '조록싸리'라고 푯말이 걸려 있다. 나무는 눈에 익지만 이름은 처음 듣는다. 30분 정도 걸어 올라가는데 그 푯말이 대여섯 번 보인다. 그러니 그 나무가 조록싸리로 보인다. 어느 순간 처음부터 조록싸리였던 것 같다. 어떤 사물에 단어를 만들어 부르면 단어가 사물이 되어 버린다. 아이가 태어나 출생신고를 하면 아이가 아니라 이름이 되듯이 말이다. 인간은 언어를 통해 세상을 형상화하는 작업을 하다가 마감하는 듯하다.

 사무실 직원 한 명이 코로나에 걸려 팀원들이 코로나 검사 결과를 단톡에 앞다투어 올렸다. 음성, 음성, 음성… 톡이 이어진다. 팀원 전체가 검사 결과 음성인 것을 확인하고, 팀장이 '음성 듣고 싶소.'라며 갈무리 톡을 한다. 해맑고 멋스러운 라임이다. 적재적소에 쓰일 단어들을 찾고, 배열하여 자신의 문장을 만드는 행위가 창작이라고 생각한다. 이름을 만들어 가는 사람들, 그 이름에는 관심 온도가 있다. 글을 쓰면서 떠오르지 않는 단어, 쓰인 단어의 의미를 찾다 보면 사람들이 보이는 것에 이름을 다는 것이 본능이란 것을 깨닫는다. 의미 있는 말을 듣고 이 말을 다른 사람에게 분양하며 살아간다. 《미움받을 용기》라는 책 제목 하나가 나에게 분양되어 던진 파장이 얼마나 컸는지 모른다. 그런 것처럼.

대통령 선거운동을 지켜보았다. 유권자들에게 각인될 말을 각 캠프에서 앞다투어 찾고 있다. 대중적인 트로트 가사를 개사하여 부르고, 선거운동원이 배낭에 정책을 하나씩 붙여, 등판을 보이며 정책을 알리기도 한다. 가십거리가 모여 즐비하게 공약이 되기도 한다. 그 공약들이 어떤 것인가 주의 깊게 살펴본다. 공염불이 될 가능성이 크지만, 긍정으로 바라본다. 인디언 속담에 '같은 말을 만 번 하면 이루어진다.'는 말이 있다. 만 번을 하다 보면 이치를 깨치는 것이리라.

2021년 4월 17일부터 시내 도로 제한속도 표지판이 60㎞에서 50㎞로 바뀌었다. 참 불편했고 기호가 낯설었다. 차의 브레이크를 잡는 기분이었으나 이제는 원래 그런 기호였던 것 같다. 사람은 망각의 기능도 있지만 순응의 기능이 있기에 적응하며 사는 것 같다. 만약 그런 기호가 계속 거부감이 일고 예전 것을 떠올린다면 참 불편하고 불행하리라. 무언가를 표현한 것이 눈에 익숙해지면 받아들여진다. 신기하게도 말이다.

　글을 쓰는 것은 이런 이름을 적재적소에 넣는 과정이라고 생각한다. 그 처음이 '초성'이다. 'ㄱ' 하면 떠오르는 것이 무엇일까, 기역, 감동, 그리움 등 수많은 단어가 나열된다. 그렇게 이름은 나에게 이성과 감성을 공존하게 하는 힘이 있다. 삐삐가 단어를 찾아 나선 것처럼, 나는 이렇게 초성을 시작하며 글을 쓰고 있다. 그렇게 한글 자모들이 섞여 단어가 되고 문장이 된다. 닿소리, 홀소리, 겹닿소리, 겹홀소리, 겹받침 글자가 모여 음절이 되고, 어절이 되고, 문장이 된다. 같은 글이 나오는 것을 경우의 수로 계산한다면 무한대가 나올 것 같다. 똑같은 지문을 가진 사람이 없듯이 똑같은 글도 없다. 글에는 감성과 경험이 합체되어 표현된다. 그것까지 모방할 수 없기 때문이다. 《가나다라마바사》라는 시집을 낸 문무학 시인이 있다. 한글 자모를 소재로 한 시를 담고 있다. 시인은 글감을 선정하면서, 나와 같은 마음이었던 것이 아닐까.

　그런데 어떡하지. 어렵게 저장한 단어들이 나이가 들수록 잊힌다. 망각의 기억을 더듬으며 '아이구, 어떻게, 어떡해, 그 사람, 그, 저, 음.' 여음을 내며 찾고 있다. 내 기억의 저장소에 든 이름이 우체통처럼 자꾸 비워진다. 인생은 망각하기에 살아갈 수 있겠다는 생각도 든다. 슬픔도, 그리움도 조금씩 비우면서 말이다. 글을 쓰면서 잃어버린 단어를 비워놓고 문장을 다듬는다. 그나마 인터넷이 있어 검색하여 퍼즐을 맞추듯이 그나마 채울 수 있다. 아직은.

나는 오늘도 초성으로 시작한다. '그'를 반복하며.

커피믹스

　커피가 좋다. 커피 한 스푼, 프림 두 스푼, 설탕 한 스푼을 넣어 만든 커피의 색깔이 좋다. 그 향기를 좋아하고, 그 맛을 좋아한다. 학창 시절 힘겨운 공부를 할 때 커피는 소중한 벗이었다. 커피믹스가 대중화되면서 자연스레 봉지 커피로 바뀌었다. 쫓기는 시간 속에서 쉽고 편하게 타서 마신다. 커피믹스에 수놓인 점선을 따라 잘라 빈 컵에 넣어 뜨거운 물을 부어 젓는다. 컵을 만질 때 느껴지는 따스한 촉감, 목을 타고 내려오는 따스하면서 달콤하고 씁싸름한 맛, 피어오르는 그 향, 같이 마시는 사람이 있으면 정겨운 분위기까지 연출된다. 커피를 마시면서 잠시 나 자신을 돌아보며, 나에게 휴식을 선물한다.
　'커피믹스'란 막대형 봉지에 커피, 설탕, 프림을 넣어 포장한 상품이다. 적당히 달콤하고, 마시기 좋다. 약간의 카페인

기운으로 상쾌함을 맛볼 수 있다. 믹스 한 봉지에 끓는 물만 있으면 쉽게 커피를 마실 수 있기에 그 편리함이 인기를 끈 비결이다. 카페인 함량은 원두커피에 비해 낮지만, 나에게는 안성맞춤이다. 미국 남북전쟁 때 군인들의 고단함을 달래기 위해 술을 지급했는데, 병사들이 술로 인하여 사고가 잦자, 커피로 대체되었다고 한다. 1, 2차 세계 대전을 거치면서 동결 건조한 커피와 분유를 제공, 여기에 뜨거운 물을 부어 마신 것이 '커피믹스'의 유래가 되었다. 1976년 한국의 한 식품 회사에서 1인분 포장 스타일의 커피믹스를 세계 최초로 개발했다. 한국을 빛낸 발명품 열 개 중 커피믹스가 5위에 선정되기도 하였다. 얼마전 봉화 갱도에서 9일간 고립 속에서 생환한 작업자들이 커피믹스를 밥처럼 먹고 지하수를 마시면서 버텼다고 하여, 기적의 음료로 관심을 받고 있다.

길거리 음악에 대한 향수일까! 자판기 커피를 "로드 커피"라 이름 지었다. 복제 테이프처럼 저렴하고, 가판대 음악처럼 문턱이 낮아 쉽게 이용할 수 있기 때문이다. 커피믹스를 타서 마시기 힘들 때는 거리나 작은 공간에 있는 커피 자판기를 이용한다. 배가 고플 때 마시면 시장기를 면하고, 두려울 때 마시면 안정이 되고, 속상할 때 마시면 편안해진다. 아이를 출산하였다. 의사가 링거를 맞아야 한다고 했으나, 수액이 혈관을 타고 흘러가는 것을 거부하였다. 그 이유는 링거줄 없는 몸으로 혼자 내려가 1층 로비에서 자판기 커피 한 잔하면서 위로받고 싶었기 때문이다. 힘든 출산의 고통 뒤 링거를 통한 수액이 필요한 것이 아니라, 약간의 카페인이 함유된 로드 커피가 필요했다. 만약 사실대로 의사에게 말했다면 무엇이라 했을까. 분명 "산모는 아직 커피를 마시면 안 된다."고 했으리라.

요즘은 결혼과 출산이 줄어들면서 강보에 싸인 어린아이를 보기는 힘드나, 작은 강아지를 안고, 업고, 밀고 하는 사람들은 자주 보는 풍경이다. 대형 가전제품 마트에 갔는데 전시된 제품들 한가운데 식기 건조기처럼 생긴 제품 안에 강아지 인형이 들어 있다. '펫 드라이룸'이라는 것으로 반려동물의 털을 말리는 제품이라 한다. 그만큼 반려동물은 사람과 떼어놓을 수 없는 소중한 존재가 되었다. 사람에게 정을 못 느껴 동물에게 애정을 구걸하는 것 같다. 커피 또한 나에게 반려견에 비견될 만하다. 누구는 커피를 마시면 잠이 안 온다고 하지만 나는 잠이 오지 않을 때 마시면 오히려 잠이 온다. 느끼는 대로, 바라는 대로 된다고 하지 않았던가. 커피는 나에게 그런 존재다.

수년 전 블로그에 커피는 내가 배고플 때 마시면 배부르고, 잠이 오지 않을 때 마시면 잠이 오고, 외로울 때 마시면 친구가 된다. 커피는 나의 영원한 동반자라 올린 일이 있다.

그 글을 본 모 방송작가가 "커피에 대해 기획 방송하려는데, 인터뷰해 줄 수 있냐?"는 제안을 한 적이 있다. 물론 부끄러워 사양하였지만…. 어느 날 커피의 대표 명사가 된 '아메리카노'를 대체할 민족주의 상표로 '코리아노'가 좋다고 생각하여, 상표등록을 시도한 적이 있다. 누군가 이미 상표등록을 해두어 호기에 그쳤던 일이 새삼스럽게 떠오른다.

커피믹스에 뜨거운 물을 부어 정성껏 젓는다. 맛은 젓는 정성에 비례한다. 커피를 입에 머금고, 그 액체가 목을 타고 내려오면, 그 순간 마음이 평화롭다. 아침에 눈을 뜨면 물을 마신 후, 커피 한 잔을 들고 노트북을 연다. 그러면 어떤 그리움이 커피향과 같이 떠올라 글이 된다. 커피와 하나 되어 움직인다. 자물쇠와 열쇠처럼, TV와 리모컨처럼 말이다. 만약 내가 죽으면 커피를 못 마시는 것이 가장 슬플 것 같다. 아는 사람들에게 종종 "내 죽은 날을 기념해 준다면 머그잔에 커피믹스 한 잔 타서 놓아 달라. 죽은 나와 산 당신이 같이 차 한 잔 나누자."고 진심이 섞인 개그를 하기도 한다.

수사 업무를 하고 있다. 조사받으러 오는 사람들은 낯선 조사실에 앉으면 왠지 경직되고 초조하다. 그럼 내가 먼저 "커피 한잔하실래요?"라며 말한다. 어색한 손이 따스한 차 한 잔을 받으면 안정을 찾아 마음의 문이 차츰 열린다. 통상적으로 차를 나누며 조사를 받는 사람은 비교적 감정 조절이 잘되어 안정된 상태에서 진술한다. 나름 나의 조사기법으로 차를 활용한다. 어느 날부터 묻지 않고, 커피 한 잔을 대접하고, 마주하여 차를 나누는 풍경으로 조사를 시작한다. 커피를 받고 감사하다고 하는 사람, 커피는 못 마신다며 정중하게 거절하는 사람, 다른 차를 부탁하는 사람, 받아 놓고 마시지 않는 사람, 마시지 않아도 나갈 때 미안하다며 커피가 담긴 종이컵을 들고 나가는 사람 등 커피를 대하는 반응은 다양하다. 그러나 그것이 대화의 단초가 되는 것은 분명하다. 비어 있는 손을 찻잔으로 채우고, 이어지는 진술에서 어쩌면 업무상 공감을 구걸하는 것인지도 모른다.

고속도로 휴게소에 가면 삶의 쉼표를 느낀다. 카페 커피에 밀려 구석에 있는 커피 자판기를 찾아 커피 한 잔을 빼고, 호두과자를 사서 같이 먹는다. 어떤 산해진미보다 맛있다. 왜 그렇게 매일 운동을 열심히 하냐고 지인이 물었다. 곰곰이 생각해 보았다. 군살을 빼고, 건강하기 위해서는 차선의 이유다. 가장 큰 이유는 커피믹스를 마시기 위해서다. 성인병에 걸리면 커피믹스 대신 원두커피를 마셔야 하기 때문이다. 죽기 전까지 건강하여 반려 차(茶)로 함께하고 싶은 것이 소박한 소망이다. 동료가 커피를 타면 그 향이 전해진다. 그럼 입이 귀에 걸려 버선발로 일어나 그 옆에 선다. 벗들과 커피 한 잔 나누고, 머금으면서 정을 나누며 사는 것이 마냥 좋다.

'어릴 때 내 손을 이렇게 잡아주셨으면 얼마나 좋았을까!' 낯설게 느껴지는 아버지의 손을 잡으며, 그동안 감춘 그리움도 같이 잡았다.

_〈그리움을 잡은 손〉 중에서

2부

그리움을
잡은 손

헛울음

　　나는 잘 운다. 집에서 드라마의 슬픈 장면을 볼 때 가족들은 나를 힐끗 보며 말한다. "운다, 운다, 운다." 그럼 나는 정말 운다. 놀리면 더 감성이 살아나고, 응원하면 끝내 대성통곡을 한다. 그래서 내 별명은 '울보 맘'이다. 눈물은 눈물샘에서 나오는 분비물이다. 늘 조금씩 나와서 눈을 축이거나 이물질을 씻어 내는데, 자극을 받거나 감동하면 더 많이 나온다. 이것이 눈물의 '사전적 정의'다. 눈물을 거두기도 하고, 머금기도 하고, 짜기도 한다. 눈물이 없으면 동정하는 마음이 없다고 손가락질당하기도 한다.

　　말을 하지 못하고 눈물을 먼저 흘리는 것을 "눈물이 앞서다."고 한다. 분석심리학자들은 인간이 눈물을 흘림으로써 카타르시스로 인한 일종의 쾌감을 느낀다고 한다. 사람이 강한 감정에 휩싸이게 되면, 그때 받은 스트레스가 몸에서 화학변화를 일으키기 때문에 특수 화학물질이 생기게 되며, 이 물질이 눈물에 섞여 분비된다고 한다. 따라서 눈물은 스트레스를 배출하는 도구라고 할 수 있다. 눈물의 과학적 분석을 보면 눈물은 '인생이 받은 소중한 선물'이 분명하다.

흐르는 내 눈물을 나는 볼 수 없고 창밖에 빗물처럼 다른 렌즈를 통해 본다. 그렇게 우는 내 모습을 타인에게 보여주게 되면 조금 설렌다. 눈에서 눈물이 흐르면 그 촉촉한 눈자위가 참 어여쁘기 때문이다. 연기자가 아니기 때문에 눈물을 흘리는 순간은 가식일 수 없다. 저녁 시간에 TV를 보았다. 엄마가 딸에게 전해줄 음식을 만들어주면 제작진이 딸에게 전달해 주고, 엄마가 딸에게 전하는 영상 편지도 보여주었다. 엄마는 가정형편 때문에 맏딸을 중학교에 보내지 못하였다. 그것이 늘 맘에 걸려 미안했다고 말하였다. 정성스레 만든 약밥과 몇 가지 반찬을 꽃분홍색 보자기에 고이 쌌다. 고운 정이 묻은 찬합을 딸이 펼쳐 본다.

딸은 제작진이 만든 엄마의 영상 편지를 보면서, "아이고, 엄마 아직도 예쁘네. 엄마, 그때는 정말 슬펐어요. 친구들은 학교에 가는데 나만 혼자…." 딸이 눈물을 삼키는데, 그 삼키며 말하는 긁히는 목소리가 마음을 자극하여, 내 눈동자에 눈물이 스몄다. 같이 밥을 먹던 그이가 마음이 찡한지 혹시 하면서 내 눈을 쳐다보았다. 마주한 눈빛이 내 몸에 눈물

머신을 누른 것처럼 맺힌 눈물이 두둑 떨어졌다. 오랜만에 흘린 눈물이 콧물과 섞여, 젖비린내와 바다 향을 풍겼다.

환갑 전에 할머니는 할아버지를 먼저 보내고, 외동아들과 같이 살았다. 손자, 손녀를 할머니가 며느리의 배에서 받아내고 같이 살았다. 할머니는 열다섯 살 된 딸을 하늘나라로 보낸 후 절을 찾았다. 초파일, 백중, 정월대보름, 동지 등 굵직한 날 갓바위를 찾았다. 등에는 쌀 한두 되를 지고 거친 산을 올라 부처님 전에 고이 놓았다. 쌈짓돈을 모아, 가족 수만큼 연등을 달고 소망을 담았다. 젊은 사람도 힘든 갓바위를 소중한 날 빠지지 않고 다니셨다. 할머니는 그렇게 갓바위 부처님에게서 위로받았다.

할머니는 집 앞 경로당이 아지트였다. 그곳에서 회원 십여 명과 점심도 같이 지어먹고, 옆방에 있는 할아버지들도 보살펴 주면서 자연스레 농담도 하였을 것 같다. 술도 한 잔씩 하면서 가슴의 응어리도 풀고, 회원들과 같이 모여 생밤 까기, 인형 눈 달기 등을 하면서 소소하게 용돈도 벌고, 담배를 피우면서 외로움을 달랬을 것이다. 어느 날 술 한잔하고, 집에 들어선 할머니는 텅 빈 집을 보았다. 아무도 반갑게 맞아주는 사람이 없어서일까, 철부지 어린 내가 있었지만···. 갑자기 아들 이름을 불렀다. 할머니에게 아들은 아버지이자,

남편이자, 아들이기도 하였다. 술의 힘으로 아들에게 어리광을 부리고 싶었던 것일까. 할머니는 갑자기 방바닥에 철썩 앉아서 손바닥으로 바닥을 치며 통곡하셨다.

"엄마, 엄마, 나 좀 데리고 가도. 나 좀 데리고 가도. 나 너무 사는 게 힘들어." 할머니는 수십 년간 가슴속에 묻어둔 엄마를 목 놓아 불렀다. 할머니는 눈을 비볐다. 빨갛게 토끼 눈이 되었지만, 끝내 눈물 한 방울도 흐르지 않았다. 눈물 없는 헛울음을 짓다 알코올의 영향으로 금세 잠이 드셨다. 할머니가 여든이 넘었으니 20년 이상 독수공방하셨다. 직장처럼, 학교처럼 노인정을 다니셨던 할머니. 그곳에서 다툼이 있었던 것 같다. 자식들 자랑질에 아들에게 섭섭함이 작용했을 수도 있으리라. 손자, 손녀를 키울 때는 할머니가 우선이었으나, 점점 순위에서 밀려나기 때문일 수도 있으리라.

그제야 알았다. 할머니도 가슴속 엄마를 그리워한다는 것을…. 할머니는 늘 손자 손녀의 마음을 받아주고, 다독여 주고 걱정만 하는 사람인 줄 알았다. 내리사랑만 하실 줄 알았는데, 할머니는 묻어둔 그 사랑을 그리워하셨다. 할머니는 여든이 지난 어느 정월 초하룻날 갓바위에 연등을 꽂고 내려오다 다리를 다쳐 고관절 수술을 받으셨다. 이후 몸이 급격하게 쇠약해지셨다. 더 이상 갓바위 부처님을 만나러 가지 못했다. 아마 그 때문에 정신적으로 더 외롭고 힘드셨으리라.

할머니가 너무 외로워 울고 싶어도 끝내 눈물이 나오지 않았을 때 얼마나 섭섭했을까. '눈물 너마저 늙었다고 날 외면하는구나.' 그런 생각을 하셨으리라. 할머니의 빨간 눈동자, 눈물 없는 헛울음, 내 기억에 남아 있는 가장 슬픈 울음이다. 할머니는 여든여섯 해 들국화가 만발한 가을날 하늘나라로 가셨다. 그곳에서 할머니는 그리운 엄마도 만나고, 딸도 만나고, 할아버지도 만나셨을 것이다. 그 고운 눈에 미소를 머금으면서, 아니 너무 반가워 눈물방울 뚝뚝 흘리셨을 것이다. 더 이상 헛울음이 없는 천상에서 말이다. 촉촉한 눈빛으로.

할머니에게 사랑받기만 한 손녀는 빚을 진 채 살고 있다. 받은 내리사랑을 다시 베풀어야 하는 것이 내가 '할매'에게 물려받은 것이 아닐까. 눈물은 내 소중한 벗이다. 어릴 때는 웃어도 눈물이 났다. 배가 고파도 울고, 똥을 누고도 울었다. 나이가 들수록 눈물이 잦아들었다. 할머니를 생각하며 가슴으로 우는데 내 눈은 충혈조차 되지 않는다. 세상에! 몇 년 전 할머니에 대해 글을 쓸 때는 눈물이 앞을 가려 쓰기를 중단했는데 말이다. 눈물을 흘릴 수 있다는 것은 축복이다. 내 나이가 벌써 쉰다섯이다. 나도 대비해야겠다. 인공눈물을 한 통 갖다 놓아야 할 것 같다.

2023년

그리움을 잡은 손

　　　　　　아버지가 인감도장을 잃어버리셨다. 동사무소에서 집으로 오는 길에 잃어버렸는데 아무리 찾아도 못 찾겠다며 비지땀을 흘리면서 들어오셨다. 그때는 인감도장을 분실하면 번거로운 일이 많았다. 걱정하는 아버지 앞에서 겨우 열두 살이던 내가 "아버지, 걱정하지 마세요. 제가 찾아올게요."라고 했다. 아버지는 눈이 휘둥그레져서 나를 바라보셨다. '네가 무슨 수로'라는 뜻이었다. 집에서 동사무소까지는 걸어서 족히 20분은 걸린다. 큰소리는 쳤지만, 사실 나도 도장을 찾을 자신은 없었다.

　기온이 사십 도 가까이 되는 뜨거운 여름 낮 오후 두 시경, 동사무소에서 집으로 오는 길에 잃어버리셨다고 해서 일단 동사무소로 갔다. 집으로 오는 길은 여러 갈래가 있다. '어릴 적 집이 가난해서 친구들이 과자를 먹으면 사 먹을 돈이 없어, 그것을 보지 않으려 늘 고개를 숙이며 다녀 어깨가 굽었다.'라는 아버지 말씀이 생각났다. 사실 아버지는 어깨가 다른 사람보다 많이 굽었고 늘 고개를 숙이고 걸으셨다. 따라서 아버지는 더운 여름날이라 양지보다는 음지로 가셨을 것이고 번잡한 길보다 조용한 길로 고개 숙이며 오셨을 것이다. 내 추리의 길을 따라 아버지의 걸음걸이를 흉내 내며, 넓은 길 대신 좁은 길로 집을 향하여 걸었다.

땀을 뻘뻘 흘리면서 한참 길을 따라오는데, 나무 도장 하나가 길 위에 떨어져 있는 게 아닌가. 얼른 주워보니 아버지의 한자 이름이 새겨져 있었다. 너무 기뻐 도장을 들고 한달음에 달려 집에 도착했다. 아버지는 내가 도장 찾으러 갔다는 것조차 잊어버리고 계셨다. "아버지, 여기 있어요. 제가 찾아온다고 했죠." 의기양양하게 인감도장을 내밀었다. 어떻게 그런 생각을 하며 도장을 찾으러 나갔는지 지금 생각해도 놀랍다. 그런 내가 조사 업무를 하는 것을 보니 그때부터 직업의식 같은 것이 싹 트고 있었나 싶은 생각이 들기도 한다.

오래전 방영되었던 〈아들과 딸〉이라는 드라마가 있다. 남아선호사상이 팽배했던 시대, 이란성쌍둥이로 태어난 딸 후남은, 같이 태어난 오빠 귀남의 앞길을 막는다며 엄마에게 구박받았다. 엄마 역을 맡은 배우 정혜선이 우리 엄마 같다고 생각하며 욕하면서도 빠뜨리지 않고 시청하였다. 나는 2남 2녀 중 셋째다. 언니와 오빠는 반에서 일등을 놓치지 않았기 때문에 관심을 받았고, 남동생은 막내아들이라 귀여움을 받았지만, 나는 별다른 관심을 끌지 못했다. 게다가 조숙해서 어릴 적 연년생인 오빠보다 키가 크고 몸무게도 더 나가다 보니, 오빠 것을 빼앗아 먹은 것 같아 눈총을 받았다.

외식은 꿈도 꾸지 못했다. 집밥 대신 유일하게 시켜 먹은 것이 찜닭이었다. 엄마는 주문할 때 늘 채소와 잡채를 많이 넣어달라고 하셨다. 넉넉지 않은 살림이라서 식구들이 마음 놓고 먹을 수 있을 만큼 주문할 수 없었기 때문이다. 약한 오빠에게는 닭 다리가 주어지고, 나에게는 부재료인 감자, 잡채, 당근이 주어졌다. 그 밥상을 생각하면 지금도 서럽다. 늘 사랑에 목말라 관심을 받기 위해 안간힘을 쏟았다. 인감도장을 찾으러 간 것도 아마 그 때문이리라. 사회생활을 하면서도 칭찬받으려는 기제가 많이 작동한다. 외톨이의 설움을 알기에 받는 것보다 주는 것을 좋아한다. 관심을 받으니깐. 세 명이 되면 스스로 고독한 역을 자처한다. 그래야 사랑받으니깐. 그런 상처가 나를 성장시키고 발전시킨 마중물 같다.

엄마가 돌아가신 다음 해, 내 결혼식 며칠 전 아버지는 혼주석에 혼자 앉기 싫다는 명분 아닌 명분을 대며 재혼하셨다. 동의는 했지만, 내심은 딸 먼저 결혼시키고 재혼하셨으면 하는 바람이었다. 결혼식 후 가족사진을 받아 보니 엄마 자리에 다른 사람이 서 있어서 울적했다. 한동안 친정에 공식적인 행사 외에는 가지 않았다. 아버지가 그렇게 빨리 재혼하신 것이 섭섭했고, 엄마 자리에 다른 사람이 있다는 것이 쉽게 받아들여지지 않아서다. 새엄마가 있어서 아버지가 지금까지 편하게 지내고 있지만 그때 마음은 그랬다. 내리사랑은 있어도 치사랑은 없다고 하지 않았나.

얼마 전 외삼촌이 돌아가셔서 장례식장 앞에서 아버지를 만나기로 했다. 약속 시간 5분 전 아버지는 전화로 지하철 반대 방향 노선을 타서 늦는다고 하며 조금 기다려 달라고 하셨다. 아무래도 이상해 다시 전화하니 환승해야 하는데 또 방향이 헷갈리신단다. 천천히 오시라고 했다. 얼마 뒤 아버지가 역에서 내리셨다. 중심 잡는 것이 힘든지 뒤뚱뒤뚱 오리걸음을 하셨다. 아버지는 역 앞에 서 있는 나를 바로 알아보지 못하셨다. '누구세요. 왜 길을 막나요.'라는 표정이었다. "아버지, 저예요."라고 하니, 습관적으로 양쪽 귀를 손으로 접어 소리를 모으셨다. 그제야 놀라시면서 "아이고, 우리 딸, 이렇게 검정 정장을 입으니 세련되고 예쁘구나." 하셨다. 아버지는 예나 지금이나 남을 추켜세우는 것은 일등이시다.

걸음이 참 느려서 도저히 안 되겠다 싶어 아버지의 손을 잡았다. 내 기억에 태어나서 처음으로 아버지 손을 잡은 것 같다. 가부장적인 아버지는 정을 낼 줄 모르셨기 때문이다. 아버지가 힘에 부쳤는지 내 손을 꼭 잡으셨다. 어린 딸이 엄마 손에 기대듯이 아버지의 무게중심이 나에게 쏠렸다. '아이고 아버지, 어릴 때 내 손을 이렇게 잡아주셨으면 얼마나 좋았을까!' 낯설게 느껴지는 아버지의 손을 잡으며, 그동안 감춘 그리움도 같이 잡았다. 손을 잡고 한참을 걸어 장례식장에 도착했다. 땀을 비 오듯 흘리셨다. 아버지는 "아이고, 팥죽 같은 땀이 나는구나." 그리고 갑자기 멍한 눈으로 "팥죽 같은 땀(갸웃거리시며) 맞지?" 뱉고 보니 이상한지 되물으신다. 나 또한 멈칫했다. 무언가 표현이 이상하지만, 일단 아버지에게 고개를 끄덕였다.

아버지 손을 잡고 장례식장을 나오는데 아버지는 "다음은 내 차례구나. 나도 그것 안다."라고 하면서 눈시울이 붉어지셨다. "너희 엄마 잃고 혼자 어떻게 살아야 할지 막막했다. 그나마 새엄마가 있어 견뎠구나." 삶에 대해 애착이 많았던 아버지는 문턱 밑이 저승이라는 것을 느끼는 듯하셨다. 집까지 모셔 드리려고 하니 혼자 가겠다고 고집하셔서 전철역까지 배웅해 드렸다. 아버지가 전철을 타고 계신 모습을 찍어 가족 대화방에 올리고, "아버지, 파이팅."이라고 썼다. 아버지는 금방 댓글을 달았다. "내 손 잡아주어 고마워. 우리 딸 최고."

아버지는 지인에게 받은 카카오톡 문자를 가족 대화방에 공유하셨다. 사람들은 휴대전화로 쉼 없이 문자를 주고받는 접촉을 연결로 착각하며 산다는 내용이었다. '접촉(contact)과 연결(connection)'에 대한 이야기로 연결이 사라져버린 세태를 풍자한 것으로 티베트 출신 스님이 기자와 인터뷰한 내용이었다. 생각해 보니 그동안 나도 아버지와 카카오톡으로 접촉만 해왔다. 아버지도 딸과 모처럼 만나 손을 잡으며, 같은 마음을 느끼며 글을 공유하신 것 같았다. "아버지, 앞으로는 온라인이 아닌 오프라인으로 연결하며 살아요."라고 답장을 보냈다.

아버지는 자칭 건강전도사다. 집안 남자들이 대체로 환갑을 넘기지 못하고 돌아가셔서 건강하고 오래 사는 것이 삶의 목표였다. 수십 년째 새벽에 일어나 냉수마찰과 요가, 반신욕을 하고, 고구마와 사과를 공복에 드신다. 이런 노력으로 당신이 건강한 거라고 늘 자랑하신다. 이제 외삼촌마저 돌아가시고 집안에서 가장 어른이 되셨다. 다음 차례가 당신이라는 것을 느끼시는 것 같다. 흐르는 세월은 막을 수가 없으며, 순리대로 가는 것이 인생이라는 것을 아시기 때문이다.

집에 돌아와 '팥죽땀'을 찾아보았다. 며느리가 가마솥에 팥죽을 끓였는데 시아버지가 몰래 먹다가 며느리가 오는 소리를 듣고 갓 밑에 팥죽 그릇을 숨겼다. 며느리가 오자 팥죽이 얼굴을 타고 흘러내려 유래한 말이라고 한다. 아버지께서 부지불식간 언급한 '팥죽(粥)땀'은 호되게 고통을 겪을 때 끊임없이 흘러내리는 땀을 의미한다. 내 손을 의지한 아버지의 몸무게가 느껴진다. 이제는 지팡이에 몸을 의지하셔야 할 것 같다. 건강을 자랑하던 아버지는 자존심이 강해 지팡이 짚기를 거부하실 것이다. 하지만 귀엽게 고집부리는 딸의 말은 팥으로 메주를 쑨다 해도 믿으실 것이다. 노인의 날, 그해 백 세를 맞이하는 노인에게 대통령이 명아주로 만든 청려장을 수여한다고 한다. 아버지에게 막내딸 손 대신이라며 미리 청려장 하나 건네야겠다. 어느덧 여든 중순의 나이 앞에서 지팡이 없이 걸을 수 없다는 것을 숨기려고 하시다가 딸에게 들킨 땀은 '팥죽땀'이 맞았다.

감당 못할 눈빛

다섯 살 엽이가 나를 뚫어지게 쳐다본다. 언니의 쌍둥이 아들 중 동생이다. 뚫어지게 바라봐 눈을 피하였다. '저놈이 왜 저럴까, 이모가 너무 예뻐서 홀린 걸까, 얼굴에 무엇이 묻었나?' 별의별 생각을 다 하였다. 도저히 그 눈빛이 감당되지 않아서, 눈길을 돌리며 딴죽을 걸어도 내 눈을 자꾸 따라왔다.

언니는 결혼하고 7년 동안 아이가 없었다. 한의사와 약사라서 다른 사람들에게 드러내 놓고 아이가 생기지 않는 까닭을 토로할 입장도 아니었다. 언니는 생리만 나오면 아무에게도 말 못하고, 친정에 와서 엄마에게 투정하고 낮잠만 자다 갔다. 엄마는 언니를 결혼시켜 놓고도 마음을 놓지 못하셨다.

1993년 11월 성철 스님이 열반하셨다. 사십구재 안에 스님이 수도하시던, 해인사 백련암에서 3,000배(拜) 하면 소원을 들어준다고 하여 많은 사람이 백련암을 찾았다. 엄마는 나를 데리고 백련암으로 갔다. 하룻밤을 새우면서 엄마는 기절할 정도로 힘들었지만 3,000배를 기어이 채웠다.

　엄마는 맏딸의 임신을 소원했고, 나는 한 가지 소원 찾기에 실패하고 엄마 옆에서 무념무상으로 절만 하였다. 애절함이 없어 1,500배도 겨우 하였다. 집으로 돌아와 거울을 보니 놀라운 일이 발생했다. 제대로 씻지도 않은 민얼굴인데도 엄마와 나의 얼굴에서 광채가 났다. 이 무슨 일일까, 너무 예뻤다. 나는 새로 태어난 기분이 들 정도였다.

　다음 해 언니는 7년 세월이 무색하게 임신하였고, 1995년 5월에 쌍둥이를 낳았다. '쌍마'라는 태명을 지었다. 엄마는 안타깝게도 백일잔치를 겨우 보고, 두 달 뒤 하늘나라로 가셨다. 당시 엄마가 갑자기 담도암 판정을 받아, 엄마를 살려야 한다며 정신없이 지냈다. 6개월 정도 투병 후 돌아가셔서 조카와 3,000배를 연결시키지 못하였다. 20년 정도 지나 쌍마들의 생일, 엄마 기일, 성철 스님 등을 검색하다가 엄마의 기도 속에 쌍마가 태어났다는 것을 알게 되었다.

　엽이는 날 쳐다보는 것을 그치지 않아, 나는 자꾸 피하였다. 엽이는 내가 당황하는 것도 아랑곳하지 않았다. 내가 화를 내며 그만 보라고 하자 손가락으로 내 눈동자를 가리키면서 "이모 눈에 엽이 있다."고 했다. 아! 그래서 엽이가 날 그렇게 봤구나. 의문이 풀렸지만 약간 섭섭했다. 이모가 예뻐서 바라본 게 아니라 제 모습이 있어서 봤다니깐.

그런데 나는 때가 묻을 대로 묻은 세상눈으로 엽이를 쳐다보고, 이상한 잡생각을 하였다. 저 어린아이의 눈에 이모가 저렇게도 예쁠까 하는 생각까지 했으니 이런 마음을 엽이가 알면 지금 나만큼 황당하겠다. 나는 엽이가 바라보던 순수한 눈동자가 너무 강렬해서 포로가 되는 기분이 들어 쳐다보지 말라고 한 것이었다.

엽이가 고등학생이었을 때 골목길에서 불량배 여섯 명에게 잡혀 지갑과 소지품을 빼앗겼다. 이모가 고등학교 입학 선물로 사준 초록색 반 가죽 지갑을 뺏기지 않으려고 바둥거려서 상처를 많이 입었다. 이모가 사준 지갑을 지키려고 저항하다가 다쳤다고 하니 안쓰러운 마음이 더 했다.

며칠 뒤 당직 근무를 하던 중, 비슷한 범행의 피의자를 검거한 상황보고서를 보게 되었다. 범죄 발생지가 엽이가 피해를 본 장소 맞은편 대로 안 골목이고, 수법이 비슷하였다. 이 아이들이 엽이에게 상처를 입힌 아이들일 거라는 여경으로서의 감이 왔다. 도로를 경계로 경찰서 관할이 달랐지만 내가 제보하여, 범인들을 검거하게 되었다.

내 직감이 빗나가지 않았다. 엽이가 아끼던 지갑을 찾게 되었고, 그런 추억이 깃들어 있는 지갑이라 엽이는 10년 동안 사용했다고 한다. 그 사건 이후, 엽이는 여경인 이모에게 이야기하면 무엇이든 해결된다고 믿는다. 그 후 엽이의 그런 믿음을 굳힐 어떤 일도 하지 못했지만 말이다.

엽이는 성인이 되었지만, 아직도 나에게는 내 눈동자를 쳐다보며 제 모습을 찾은 아이로 각인되어 있다. 엽이가 그 말을 했을 때 나도 엽이의 눈을 보며 '엽아, 네 눈동자에도 이모 있어.'라는 말로 왜 받아주지 못했을까. 눈은 심리상태가 가장 잘 드러나는 곳으로 고대부터 마음의 창이라고 했다. 그 순수함을 받아주기에 내가 너무 오염되어 있었나 보다.

엽이가 얼마 전 공인회계사 시험을 쳤다. 나름대로 열심히 공부하였으나 합격하지 못했다. 눈빛이 매우 어두웠다. 이모의 눈동자를 쳐다보던 맑은 눈빛은 어디 가고 애써 눈동자를 숨기려고 하였다. 얼마 전 잔잔한 감동을 주었던 드라마 〈이상한 변호사 우영우〉를 보면서, '자폐 스펙트럼(ASD)'이라는 뜻을 알게 되었다. 자폐증의 여러 증후군을 모은 개념이다. 우영우의 그 눈빛에서 엽이의 흔들리는 눈동자를 떠올렸다.

주인공은 맑은 눈동자를 소유하면서도, 사람들의 편견으로 인하여 사람 앞에서 눈동자가 떨려 쳐다보지 못하였다. 변호사 사무실 건물 출입문이 회전문인데 혼자 그 문을 통과하지 못하고 제자리를 맴돈다. '회전문'은 장애를 의미하는 상징적 도구이다. 결국 그녀는 장애를 딛고 혼자 회전문으로 들어섰다. 변호사로 성장하는 과정이 감동이었다. 세상을 사는 사람들은 저마다의 장애를 안고 살아가고 있다. 그것을 극복하는 것이 인생이라고 생각한다.

  엄마의 비원(悲願)이었던 엽이, 그 맑은 눈동자에 내 모습을 담던 아이, 이모가 사준 지갑을 소중하게 간직하고 있는 아이, 나는 그 맑은 눈동자를 가슴에 담아 두고 있다. 힘들고 지칠 때 내 눈동자를 쳐다보던 그 맑은 눈동자를 떠올린다. 그럼 내 눈동자가 맑아지면서, 보이는 모든 것이 맑고 맑아서 상쾌해진다. 엽이가 이번 시험에 꼭 합격해 그 맑은 눈동자로 이모를 쳐다보았으면 한다.

물, 안녕!

늦여름 선걸음에 나정해수욕장을 찾았다. 아이들이 태어나 처음 맞이하는 바다이다. 바다를 알려주고 싶었다. 성수기가 지났는데도 여름 끝자락을 즐기려고 온 사람들이 제법 있었다. 멋진 수영복, 선글라스 등 바캉스룩을 한 사람들 틈에 준비 없이 온 네 식구의 모습은 초라하기 그지없었다. 반바지, 샌들, 모자를 쓴 엉성한 부모와 러닝과 팬티를 걸친 채 껌딱지처럼 붙은 아이들이 그랬다.

잔잔한 파도와 예쁜 돌, 모래사장이 펼쳐져 있었다. 바닷물과 민물이 만나는 곳이 있어 아이들은 잔잔한 민물에서 놀았다. 내가 만들어준 종이배를 물에 띄우고, 조그만 손에 모래를 담아 종이배에 조금씩 붓자 결국 난파되고 말았다. 아이들이 민물에서 나와 내가 이끄는 대로 파도 소리 들리는 바다로 향해 전진했다. 나는 수도 없이 모래 도화지에 아이들의 이름과 바다를 적고, 바다를 각인시키면서 학습시키려고 애썼다. 아이들도 따라 조약돌로 열심히 모래 위에 낙서하였다.

짜장면을 시켜 솔밭에서 먹었다. 해송이 해풍을 막아주면서 잎새 부딪히는 소리를 반주 삼아 매미가 노래하여 청정함을 증폭시켰다. 아들은 진갈색 짜장을 온몸에 묻힌 채 쓱싹쓱싹 모래를 밀치면서 바다를 마주하며 앉았다. 딸은 모래사장에 누워 하늘을 보면서 솜구름, 토끼 구름, 별 구름, 마구잡이로 이름을 지었다.

바닷물에 발을 담그고 물속에 예쁘게 반짝이는 조약돌을 주웠다. 파도가 잔잔해지자, 남편은 아이들이 주운 예쁜 조약돌을 바다에 던져 물수제비를 만들자 바다는 작은 소용돌이를 쳤다. 아이들도 아버지를 따라 조약돌을 던졌으나 바다에 다다르지 못하고 아쉬운 돌팔매질이 되어버렸다. 딸이 주워 온 예쁜 돌로 공기(供碁)놀이를 하였다. 아이들이 내 손을 따라 점점 바닷물에 들어갔다가 막내는 기겁하면서 울었다. 갑자기 물속에 잠기고, 거센 파도가 몸을 밀쳐 내니 놀랐나 보다. 튜브도 없이 아이를 바다로 이끌었으니 어지간했을까.

아이를 달래기 위해 새우깡을 내밀었다. 과자를 보자 그 많던 눈물은 어디 가고 자리를 펴고 둥지를 틀었다. 아이들은 갈매기들이 사람을 무시한 채 날갯짓하며 바다를 점령하자 주눅이 들었다. 내가 새우깡 한 개를 잡아 높이 던지니 갈매기가 박자에 맞추듯 낚아챈다. 그제야 방어벽을 허물고 새우깡을 던지며 갈매기와 이래저래 밀당했다. 갑자기 남편이 웃통을 벗고, 바다로 뛰어들고 수평선을 향해 갔다가 다시 파도처럼 돌아온다. 하얀 파도를 무서워하더니 아버지가 유유히 돌아오자 믿음이 생겼나 보다. 바다의 언저리를 맴돌면서 가벼운 파도타기 놀이가 시작되었다.

바다는 아담한 직사각형으로 멀리 보이는 가시수평선이 끝이다. 하늘과 맞닿은 바다, 내 눈동자는 뭍에서보다 가시 거리가 더 넓다. 파란 도화지에 하얀 파도만 밀려갔다 밀려오며 파도 소리가 가득하다. 아이들의 생애 첫 바다는 어설프게 바다의 표피만 건드렸다. 아이들에게 돌아가야 하며, 마지막 인사를 하라고 재촉했다. 아들은 '물, 안녕!' 하면서 바다를 향해 손을 흔들었다. 아이의 첫 바다는 '물'이었다. 파란 물이었다. 물론 물이 흘러 바다로 가는 건 맞지만…. 바다 알리기에 실패한 나는 허탈하게 '물, 안녕.' 하며 돌아섰다.

20년이 지나 아프리카 남수단 파병을 앞둔 아들과 같이 다소 무거운 마음으로 같은 바다를 찾았다. 아버지와 아들은 바다 앞에 서서 예쁜 돌을 잡고 던졌으나 파도 때문에 물수

제비는 뜨지 못하였다. 남편이 갑자기 웃통을 벗고 성룡의 취권을 흉내 내니, 아들은 아버지 몸짓을 따라 한다. 누구 아들 아니랄까 봐! 바다에 서면 모든 곳이 촬영 스튜디오인 듯 딸은 여기저기 셀카봉으로 맘껏 찍어댄다. 그렇게 바다 앞에서 멋진 자세를 지으니, 갈매기도 끼룩끼룩하며 스튜디오를 누비며 사진 속 풍경으로 선다.

'바다'가 '바다'라는 이름을 갖게 된 것은
이것저것 가리지 않고 다 '받아'주기 때문이다.
'괜찮다'
그 말 한 마디로
어머닌 바다가 되었다.

문무학 시인의 〈바다〉이다. 아이들에게 이것저것 다 받아 주는데 그럼 나도 시인의 말처럼 바다가 될 수 있을까! 바다를 지척으로 두고 민물이 흐르는 개천이 있는 것을 신기해하니, 지나던 동네 주민이 이 물도 바다로 흘러간다고 말로 보시한다. 바다가 받아준다고…. 덩치에 비해 손이 작은 아들이 아프리카의 분쟁국에서 주어진 임무를 감당해야 하는데 걱정이 앞선다. 다 받아 줄 것처럼 아들 손을 꼭 잡았다.

등대 앞에 섰다. 바다는 방파제 끝자락에 캔, 마스크, 비닐, 일회용 컵 등을 토해 내며 서걱서걱 울먹인다. 바다는 일회용 쓰레기만은 절대 받아주지 않겠다는 듯 뭍으로 힘껏 밀친다. 편리하게 사용한 일회용 쓰레기에 상처받고 있는 바다의 몸부림이다. 주변에 있는 쓰레기를 주워, 다소곳이 놓여 있는 쓰레기통에 넣었다. 그냥 미안하고, 미쁘다. 돌아오면서 나도 따라 말한다.

'물, 안녕.'

어떻게, 어떡해

　　　　　매실 따는 시기를 놓쳐 뒤늦게 밭에 갔더니 다 떨어지고 거의 없다. 겨우 남은 것을 몇 개 따서 내려가고 있었다. 딸은 모기가 많다고 먼저 내려갔는데, 갑자기 뛰어 올라왔다. "새끼 고양이가 하수구에 빠졌어요. 엄마 고양이가 입에 물고 꺼내려고 하는데 틈이 좁아 나오지 못하고 있어요." 같이 그곳으로 갔다. 새마을운동을 하며 초가지붕이 슬레이트로 바뀌던 시절의 그런 골목 안에 네댓 채의 집이 나란히 마주하고 있었다. 자동차 고무 시트를 하수구 덮개로 사용하여 서로 크기가 맞지 않아 약간 틈이 있었다. 그 틈으로 새끼 고양이가 빠져버린 것이다. 엄마 고양이는 새끼 고양이를 입에 물었으나 좁아서 빠져나오게 할 수 없는 상황이었다.

　　얼른 새끼 고양이가 나오도록 덮개를 밀어 하수구 구멍을 개방시켰다. 놀란 엄마 고양이가 그만 입에 물은 새끼 고양이를 놓쳐버렸다. 새끼 고양이가 보이지 않았다. 엄마 고양이와 나는 놀란 토끼 눈이 되어 하수구 아래를 내려보았다. 1미터 아래, 쥐 한 마리로 보이는 것이 죽어 있다. 어둡고, 칙칙해서 선명하게 보이지는 않으나, 새끼 고양이의 움직임이 감지되지 않았다. 다만 하수구 입구에 쥐구멍이 하나 있긴 했다. 새끼 고양이가 내가 다가오니 무서워 그 구멍으로 해서 어디로 가버린 것 같기도 하고, 하수구 밑으로 떨어진 것 같기도 하였다. 엄마 고양이는 내 옆에 서서 "야옹야옹." 새끼 고양이를 불렀다. 하얀 고양이, 입술이 빨갛다. 눈이 참 예쁘다. 나도 따라 "야옹야옹." 하였으나 끝내 나타나지 않았다.

사라진 고양이를 찾기 위해 엄마 고양이와 나는 서로 '야옹야옹'할 수밖에 없었다. 한참 그렇게 하수구 구멍을 보며 야옹이를 불렀다. 남편이 기다리고 있어, 발길을 돌리는데 골목 어귀에 아주머니 한 분이 걸어오셨다. 하수구 덮개 앞에 있는 집에 사는 사람인 것 같다. 하수구 덮개를 밀어 구멍을 완전히 막아버리고 집으로 들어가버리는 것이 아닌가. 갑자기 엄마 고양이는 날뛰기 시작했다. 집 주변을 마구 돌면서 "야옹야옹."거렸다. 발이 떨어지지 않아 발길을 돌려 하수구 덮개를 살짝 밀쳐놓았다.

프랑스 사상가 루이스 제이는 "인간보다 동물이 고통스러워하지 않는다고 생각하지 말라. 고통은 인간과 동등하게 주어진다. 되려 그들은 자신을 스스로 돕지 못하기에 더 고통스럽다는 것을 알라."고 하였다. 고양이들은 인간이 만든 하수구 덮개로 인해 생이별한 것일까! 엄마 고양이가 어쩔 줄 몰라 하다가 내가 돌아오는 것을 보자 내 곁에 또르르 다가왔다. 같이 하수구 아래를 보며 "야옹." 하며 합창했다. 그러나 답이 없었다. 다시 돌아서는데 아저씨 한 분이 골목길로 들어오시다가 하수구 구멍을 또 발로 밀어 닫아버렸다. 엄마 고양이는 맞은편 지붕에 앉아 "야옹야옹."거린다. 그 남자에게 "새끼 고양이가 하수구 구멍으로 빠졌는데, 하수구 덮개가 닫혀 저렇게 울고 있다."라고 엄마 고양이 대신 말을 전했다.

더 이상 그곳에 있을 수 없어 나는 돌아섰다. 그 남자는 엄마 고양이 한 번, 하수구 구멍 한 번 번갈아 바라보았다. 엄마 고양이는 그 남자에게 SOS를 치는 것 같다. 그 남자에게 숙제를 던지고 돌아왔다. 차에서 기다리고 있던 남편은 나의 이야기를 듣고는 말한다. "동물은 알아서 다 살아간다. 그들만의 세계가 있다. 걱정하지 않아도 된다."고 하였다. 아직도 그 고양이가 새끼 고양이를 못 찾고 '어떻게, 어떡해.' 하며 다니는 것은 아닐지. 차를 주차하고 집에 들어가려는데, 아파트 마당에 길고양이들이 조금 전 주차한 다른 차량의 따스한 보닛 주변에 옹기종기 모여 앉아 있다.

우리 집 아파트 같은 라인에 사는 할머니, '길고양이들의 엄마'라고 내가 별명을 지었다. 항상 아파트 노상 주차장 주변에 길고양이가 있는 것을 알고, 먹잇감도 가져다 놓고, 공동 수도 근처에 물을 담은 양푼을 갖다 놓는다. 다리를 다친 고양이를 보면 "우리 애기, 어떻게, 어떡해." 하시며 손수 치료하고 붕대도 감아준 후 보듬어 주신다. 자식 없이 혼자 살면서 정을 고양이에게 베푸는 것 같다. 할머니의 모습을 보면 늘 감사하다.

프랑스 작가인 샹플뢰리는 "새끼 고양이만큼 겁 없는 탐험가는 이 세상에 없다."라고 하였다. 엄마의 마음도 모르는 채 새끼 고양이가 탐험을 떠난 것일까? 엄마 고양이의 그 예쁜 눈동자를 생각한다. 지금 와서 후회되는 것은 엄마 고양이 앞에서 휴대전화기 손전등을 켜서 하수구 아래를 살뜰히 보지 못한 것이다. 자식 앞에 초라해지는 부모의 마음, 엄마 고양이의 그 모습과 무엇이 다르리오. 자식이 방황하는 모습을 본다. 바른길이 아닌 것을 알지만, 어떻게 할 수 없는 경우가 많다. 부모는 '어떻게, 어떡해.'를 입에 달고 산다. 때론 "포기한 자식이니 마음대로 하세요."라고 말하기도 한다. 그건 궁색한 변명일 뿐, 자식은 태어남과 동시에 영원한 애물

단지로 포기할 수 있는 존재가 아니기 때문이다.

　'야옹(어떻게), 야옹(어떡해).' 그 소리는 부모가 늘 품고 있는 마음의 소리가 아닐는지.

고장 난 계산기

진짜 산, 진산(鎭算)에게.

산아, 군사학과를 졸업하고 네가 군에 입대하는 날이었지. 코로나 시국이라 너를 차에 태우고 훈련소에 들어갔고, 지시하는 건물 앞에 너를 내리게 한 후, 시키는 대로 바로 돌아서 나왔어. 생각지도 못한 이별 방법에 소품인 눈물 한 방울 보여주지 못했어. 산이가 남수단 파병 갈 때도 눈물이 나지 않은 건 왜 그랬을까. 너의 말처럼 우리 서로에게 무심한 것일까.

다른 집 아들은 부모에게 수시로 연락이 오는데 너는 필요할 때만 카톡을 울린다. 카톡 통화를 하면 용건만 잠시 말하라고 하면서 바쁘다고 한다. 내가 카톡을 하면 안 받거나 받아도 너의 전매특허 **"왜요"**라고 말한다. 그 말을 들으면 전화를 끊고 싶다. 몇 번을 참다 오늘은 너무 무심하지 않냐고 하니, 대뜸 "엄마도 저에게 무심하잖아요."라고 맞받아친다. 그 말을 듣고 여러 가지 생각을 해본다. 엄마 점수는 과락인 것 같다. 엄마 재수가 가능하다면 좀 더 충실할 수 있을까. 한 시간 지나 카톡으로 "너, 너무 한 것 아니냐." 하니, "죄송해요. 요즘 업무도 바쁘고, 공부한다고 민감해요." 라고 답한다. 그런 궁색한 변명이 위로되는 것을 보면 엄마는 자식 앞에 한없이 단순해진다.

아무리 생각해도 엄마 역할은 재수해도 나아질 것 같지 않다. 너는 미흡해 보일지 모르지만 나는 나대로 최선을 다했기 때문이다. 변명으로 들릴지 모르지만, 나에 대한 인정 욕구와 자기애가 강해서 너의 감정까지 케어하지 못하여 서로 벽이 생긴 것 같다. 그나마 '왜요'라고 답이라도 오니, 완전히 금은 가지 않았다고 생각한다. 어제는 그곳 홍보 담당이 파병군인 가족 밴드에 가족 영상을 보내달라고 했다. 보내고 싶은 사람만 보내라고 했다. 가만히 생각하니 10월 30일이 너의 생일이더라. 엄마가 그동안 갈고닦은 통기타로 반주하여 생일 축하 노래를 불렀고 아버지, 누나와 같이 케이크 절단식을 하는 모습이 담긴 3분짜리 영상을 보내주었다. 가족들에게 받은 동영상들을 편집해서 대원들에게 깜짝 이벤트로 보여준다는데 어떻게 편집이 될지 모르지만, 엄마가 너에게 들려주는 생일 축하 노래는 아마 들려줄 것 같다. 생일 축하해. 너에게 깜짝 선물이 되었으면 한다.

 늘 무언가를 하려고 하는 너를 보면 내 모습을 보는 것 같다. 나에게 감정의 여백이 있어야 하는데 전부 나로 가득 차 있으니깐 가족이 들어오지 못했고, 유전처럼 너도 그런 전철을 밟는 것 같다. 네가 그렇게 정 없이 행동하는 것도 나 때문인 것 같다. 엄마는 늘 긴장한다. 무언가를 해야 한다는 강박증이 있는데 너도 그런 것 같다. 산아, 우리 조금 쉬어 가자. 가족들에게 틈도 좀 주면서. 그래야 인생이라는 긴 항해를 견딜 수 있단다. 너무 달리면 지쳐버리기 때문이다.

 진짜 산, 진산아. 나는 네가 잘되는 것도 중요하지만 사랑을 베풀 수 있는 사람이 되었으면 한다. 너는 권력, 명예, 돈 등 세상이 말하는 성공에 너무 집착하는 것 같다. 물론 엄마의 머리에도 늘 계산기가 돌고 있지만. 어제는 엄마가 참 바보 같은 행동을 했다. 엄마의 계산기가 고장이 나버렸다. 그 행동을 하고 더운 곳에서 힘들게 근무하고 있는 너의 모습이 먼저 떠오르더라.

 모처럼 직원들과 회식하게 되었다. 19시경 근무를 마치고 19시 30분 도착하여 주문하려고 했는데, 급한 신고가 들어와서 19시 50경에 나오게 되었다. 먼저 레스토랑에 도착한 직원에게 '안심스테이크' 5인분을 주문하라고 문자를 보냈다.

포도주 한 병을 시켜서 건배하고 식사가 끝날 무렵, 직원 몰래 살짝 계산대에 가서 영수증을 받았는데 34만 원이 나왔더라, 내가 너무 놀라 잘못된 계산이라고 하니 맞는다고 하네. 안심스테이크는 1인분에 6만 원이란다. 내가 2만 원 아닌가요? 물으니 그건 함박스테이크란다. 아휴, 내가 미쳐. 직원들 격려 차원에서 한 회식이라 떨리는 손으로 어쩔 수 없이 다른 말 없이 결제하고 나니 다리 근육이 풀리더라. 탓할 것은 나였으니깐. 내가 먼저 도착한 직원에게 보낸 카톡에 '안심스테이크 5인분 시켜.'라는 증거가 명백하게 남아 있으니깐.

식사를 마치고 나오는데 직원들이 너무 맛있게 먹었다고 하네. 가만히 보니 나 말고는 비싼 음식이라는 것을 알고 있는 것 같았어. 그래서 생각했지. 그래 통 큰 팀장 역할을 했다고 생각하자. 앞으로 회식은 자제하자. 15만 원 정도 예상한 나의 계산기는 오류가 나서 34만 원이 된 것이지. 꼼꼼하지 못한 대가라 생각하고 할부하겠느냐고 묻는 종업원의 질문에 서슴없이 '일시불' 강단 있게 대답했어. 그 말속에 미운 마음도 깃들었지. 통 큰 팀장역을 마치고 돌아오는 길, 운전대를 잡으면서 음악을 끄고 함박스테이크가 안심스테이크라 생각한 거냐고, 소리쳐 본다. 그러고 나니 웃음이 나더라.

산아, 엄마 계산기 오류 난 것 보니 어때. 진산도 꼼꼼하지 못하고 서두르는 경향이 있어. 아는 길도 두드려 보고 가라고 했지, 오늘 카페에 갔더니 카페 바닥이 높이가 달라 하마터면 헛디뎌 다칠 뻔했단다. 걸을 때도 바닥을 보고, 앞뒤를 다 생각하며, 하루를 채우길 바란다. 올해는 어쩔 수 없이 미역국을 끓여줄 수 없지만, 내년에 돌아오면 올해 몫까지 두 그릇 놓아줄게.

진산(鎭算)아. 너의 이름 한자는 진압할 진, 계산 산으로 '계산을 진압하는 사람'이라는 뜻인데, 나처럼 계산의 오류가 없이 사는 것 맞지? 내가 엄마로서 과락이지만, 아들이 낳은 손주는 애정을 쏟아부어 에이플러스 할머니가 되고 싶구나. 그때는 직장도 그만두고 시간적 여유가 있을 것 같다. 그런 역을 하려면 엄마도 건강해야겠지. 식단도 조절하고, 운동도 열심히 할게. 진산이도 계산의 오류가 없이 사는 것 알지, 약속하자.

2024년 10월 25일 너의 스물다섯 살 생일 즈음에
계산기 오류투성이 엄마 씀

2024년 편지가족 글모음 제31집

家똑똑이, 집을 나서다

　　　　　음악 실기시험이다. 선정된 다섯 곡 중 한 곡을 선택해 같은 반 친구들 앞에서 노래하면 선생님이 듣고 점수를 매긴다. 어릴 때 혼자 가수가 되는 꿈을 꾸기만 했다. 그냥 노래가 좋았다. 길을 걸을 때도, 샤워할 때도, 화장실에 있을 때도 나는 늘 노래했다. 초등학교 시절 음악책에 있는 노래를 다 외웠다. 그러나 사람들 앞에서 부른 적은 없다. 이런 나를 할머니는 '가(家)똑똑이'라고 불렀다. 가똑똑이란 집에서만 똑똑한 것을 말한다.
　　〈이기자 대한건아〉를 선택했다. 2주일 동안 열심히 한 곡을 연습했다. 혼자 허밍을 하며 길을 걸었다. 권력이 있는 아이가 집단을 만들어, 복종하지 않는 친구들을 돌아가며 따돌렸다. 왕따가 되지 않기 위해 기생충처럼 빌붙어야 하는데 그게 싫어 혼자 있는 것을 선택했다. 전학을 자주 한 나에게 노래는 최고의 친구였다. 드디어 실기시험 날이다. 매도 먼저 맞는 게 나은 데 뒷번호라서 기다리는 시간이 길었다. 기다린 만큼 더 떨렸다. 드디어 내 순서가 되었다. 친구들에게 "너, 〈누가누가 잘하나〉(어린이 노래 경연프로그램)에 나가도 되겠어."라는 말을 꼭 듣고 싶었다.

　타인 앞에서 노래하는 것도 버거운데 칭찬까지 받으려고 하니 부담이 컸다. 노래를 불렀다. 아무것도 보이지 않았다. 클라이맥스 부분에서 눈물이 뚝뚝 떨어졌다. 그렇지만 끝까지 노래하고 고개를 숙이고 내 자리로 돌아왔다. 할머니는 집에서 혼자 무시로 노래하는 나에게 혜은이보다 더 잘한다고 칭찬하셨다. 그때 그녀는 예쁘고, 노래 잘하는 가수의 상징이었다. 내리사랑이 부풀려 만든 말임에도 그 말을 믿고 끝까지 노래했다. 그렇게 생애 첫 공연(?)은 엉망이 되어버렸다. 그 바람에 노래 실력 평가는커녕 남 앞에서 노래도 못하는 멍청이가 되고 말았다. 실기시험이 끝나고 선생님은 "오늘 가슴으로 노래한 친구가 있었다."라며 총평했다. 선생님은 눈이 퉁퉁 부어 있는 나를 달래기 위해 그런 말을 했을 거라고 어림짐작했다. 그날 이후 트라우마로 남아 남 앞에서 노래하지 못했다.

　어느 날 올림픽 경기를 보았다. 한국 선수가 금메달을 땄다. 금메달을 딴 선수가 태극기를 어깨에 휘두르자 TV에서 흘러나오는 노래가 〈이기자 대한건아〉였다. "조국의 영광 안고 온 세계에 내닫는다/ 이기자 이겨야 한다." 갑자기 눈물이 뚝뚝 떨어졌다. 음악 실기시험에서 흘릴 때와 같은 마음이었다. 그때 나는 노래를 부르다가 그 가사에 심취되어 울었던 것이다. 지금처럼. 선생님은 나를 위로하기 위해 한 말이 아니었다. 나의 마음을 느꼈던 것이다. 그것을 삼십 년이 지나서야 알게 되었다. 이제는 타인 앞에서 노래를 부를 수 있을 것 같았다.

지천명이 지나서 꿈을 실현하기 위해 기타를 배우게 되었다. 기초를 배우고 통기타 동호회에 가입하였다. 한 달에 한 곡 회원들 앞에서 기타로 연주하면서 모임을 이어가고 있다. 동호회 언니가 "한 달에 한 곡만 파라. 틀려도 멈추지 말아라. 1년이면 12곡, 5년이면 60곡이 내 것이 된다. 한 곡이 너의 곡이라 생각하라. 그럼, 그 노래의 가수가 된다."고 했다. 그 말을 믿고 한 달 동안 한 곡만 팠다. 내가 좋아하던 심수봉의 〈그때 그 사람〉을 선택했다. 기타로 반주하면서 노래했다. 중간에 손가락이 꼬이고 코드가 일부 틀렸지만 그대로 진행하였다. 녹화된 영상을 보니, 아쉬운 점도 많았지만 멈추지 않고 울지 않고 끝까지 노래한 것이 대견하였다. 결국 트라우마를 이겨낸 것이다.

가똑똑이가 이제야 집을 나섰다. 다음 달에는 칸초네 〈논 호레타(Non Ho Léta, 나이도 어린데)〉를 준비하고 있다. 어린 소녀의 사랑 이야기를 담고 있는 곡으로 열여섯 살 가수의 풋풋한 음색이 가슴을 울린다. 이 노래를 부르면 열여섯 감성을 가지고 있는 가수가 되리라. 그럼 두 곡을 가진 가수가 된다. 성공 비법은 하나에 얼마나 집중하고 끈기 있게 하느냐에 달려 있다. 이상하게 한 곡에 집중하면 마가 낀 것처럼 다른 곡을 노래하고 싶은 욕망이 함께한다. 돌이켜보니 결정장애로 인하여 실패한 일이 많다. 하나에 집중하면서 수반되는 다른 욕망을 과감히 버리려고 노력한다. 집을 나서고 보니 모든 것이 새롭다. 처음 두려웠는데 얼굴에 철판을 깔고 무대에 서다 보니 큰 무대에서도 떨림을 조정하면서 자연스럽게 노래하고 있다.

나는 노래할 때가 가장 즐겁다. 하늘나라에 계신 할머니의 말을 믿고 기타를 치면서 노래한다. 왼쪽 손가락에 굳은살이 두껍게 박여 있다. 동호회 언니에게 자랑 삼아 보여주니, 고수는 손가락이 오히려 깨끗하다고 한다. 손에 힘이 들어가지 않기 때문이란다. 힘을 빼야 하는데 잘 안 된다. 하다 보면 손가락에 힘도 빠지고, 편안하게 노래하겠지. 오늘은 손가락 굳은살에 상처가 나서 연고를 바르면서 파이팅을 외친다.

힘을 빼자.

2달러와 5센트

　　　　　아들은 대성통곡을 하였다. "내가 전국소년체전 대표가 되려고 얼마나 노력했는데…." 우리 부부는 아들이 남자다워지라고 네 살 때부터 태권도를 가르쳤다. 열 살 때 태권도 겨루기 대회에 출전했다. 또래보다 뚱뚱하고 키가 작아 번번이 패하여, 매달 수여 자리에서 손뼉만 쳤다. 그러던 아들이 초등학교 6학년이 되자, 대회에서 메달을 따기 시작했다. 몸무게로 체급을 정하기 때문에 대결 상대는 늘 아들보다 10cm 이상 컸다. 경기를 많이 하다 보니 자연스레 상대방의 공격이 들어오면 거리를 좁혀 재빠르게 공격하고 빠지는 전술을 터득하게 되었다.
　아들은 전국소년체전 1차 지역 대표 선발전에서 1등을 하였다. 최종 선발전을 앞두고, 고등학교 태권도 선수부의 학교에 찾아가 훈련을 따라 하면서 방학을 보냈다. 아들은 소년들의 올림픽으로 불리는 전국 소년체전에 당당하게 나가 보는 것이 소원이었다. 조그마한 도장에서 학교 선수부를 제치고 1차 선발전에서 1등을 한 것만 해도 대단한 일이었다. 최종 선발전을 앞두고 몸무게가 많이 나가 한 달간 등산과 달리기를 하면서 다이어트를 병행하였다. 체급을 올리면 상대방과 키 차이가 더 많이 나기 때문이라 어쩔 수 없었다. 한창 성장하는 아이가 먹는 것을 조절하는 것은 참으로 힘든 일이었다.

최종 선발전 경기를 하였다. 겨루기 상대와 키가 17㎝나 차이가 났다. 2라운드까지 6점을 앞섰다. 당연히 이긴다고 생각했는데 3라운드에서 상대방의 뒤후리기 공격을 분명히 피했는데 맞았다는 판정이 났다. 어릴 적부터 태권도를 하여 유연해서 키 큰 상대를 피하는 기술은 베테랑이었다. 피했는데도 또 맞았다고 판정하여 결국 1점 차로 지고 말았다. 아들은 맞지 않았다고 심판에게 이의를 제기하였으나, 바루기는 어려웠다. 경기장 바닥에 주저앉아 "내가 소년체전 대표가 되기 위해 얼마나 노력했는데, 먹고 싶은 것도 안 먹고, 게임장도 안 가고, 내 이렇게 더러운 것 다시는 안 한다." 관중들이 지켜보는 가운데 신파극을 해버렸다. 그렇게라도 해서 앙금을 풀고 싶었던 것이리라.

키가 작고 뚱뚱해 초등학교 때 스판이나 고무 바지만 입었다. 아동복은 꿈도 못 꾸고, 늘 나이에 맞지 않은 옷을 줄여 입었다. 중학교에 올라가자 키가 좀 컸다. 그때부터 대회에 출전하여 금메달을 자주 받아 오게 되었다. 태권도는 무조건 키가 커야 했다. 만약 신체 조건이 되었다면 황금 발차기를 향해 정진할 수도 있었으리라. 고등학교 2학년 때까지 겨루기 대회를 치르면서 또래보다 빨리 세상 물정을 알게 된 것 같다. 그런 아들이 군인이 되겠다며 군사학과에 입학하여, 좋은 성적으로 졸업하게 되었다.

졸업 후 육군학생군사학교에서 4개월 군사훈련을 받았다. 훈련받기 전 몸무게가 87㎏, 걸음걸이는 팔자걸음, 하드 트레이닝하여 '리틀 마동석'이란 별명이 붙었다. 대학 졸업 때 육군 참모총장상을 받았으니, 이번에는 '대통령상'을 받겠다는 목표를 세웠다. 목표를 달성하기 위해 중대장을 지원하려고 하였으나, 룸메이트가 코로나19에 걸려 감염병 지침에 따라 격리되어 중대장 선거에 나가지 못하였다. 대개 임원을 하면 봉사를 한 덕분에 큰 상을 받기가 쉽기 때문이다. 남은 방법은 월등하게 성적이 높아야 했다. 나름대로 최선을 다하였다.

교육을 마치고 소위 임관식 때 애국가 4절까지 제창하는 것을 목격하면서, 군인의 길이 세상의 길과 다르다는 것을 느꼈다. 500여 명이 임관하는 식장에 그중 일곱 명이 단상에서 표창 받았는데 아들은 오르지 못했다. 그렇게 바라던 상이었는데, 단상 아래에서 손뼉을 쳐 주는 모습을 보니, 태권도 대회에서 숱하게 손뼉만 치던 모습이 떠올랐다. 4개월 만에 본 아들은 몸무게가 많이 빠졌다. 팔자걸음이 일자로 바뀌었다. 상체의 비대한 근육은 줄어들고, 몸 전체가 잔근육으로 가득하였다. 아이가 작아져버렸다.

소위로 임관되었다며 공무원증을 내민다. 내가 직급 사회에서 30년 가까이 일하고 있기에 스물네 살인 아들의 출발에 마음이 아린다. 군대가 계급의 피라미드가 가장 완벽하게 구축된 곳이기 때문이다. 아들은 67kg 나간다고 하면서 몸매를 뽐낸다. 저런 몸매를 얼마나 가지고 싶었을까. 고무 바지가 아니라 군복 바지 위 당당히 채워진 벨트가 눈부셨다. 열흘 휴가 후 신임 장교가 임관 직후 받는 병과별 교육과정인 OBC 4개월 과정을 하기 위해 떠난다.

교육을 떠나는 아들에게 두 가지를 선물한다. '행운의 2달러'와 '버팔로 니켈 5센트 주화'이다. 각 나라의 화폐는 대부분 그 나라의 위인이나 문화재가 각인되어 있다. 따라서 화폐의 모델이 된 인물이나 문화재를 살펴보면 그 나라에서 존경하는 위인이나 소중하게 여기는 문화와 사상 등을 가늠할 수 있다. 화폐 수집가들은 해외여행을 하게 되면 그 나라의 화폐가 각인된 지역과 연관된 장소를 반드시 찾아간다고 한다. 그만큼 화폐가 가지는 상징적 의미는 크다고 본다.

'2달러'에는 미국 독립선언서를 기초한 제3대 대통령 토마스 제퍼슨의 초상이 있다. 미국 서부 개척 시대 여행자들의 두려움과 외로움을 달래기 위해 '2'라는 숫자를 행운으로 생각하게 되었다고 한다. 또 다른 이유는 1956년 영화 〈상류사회〉에 출연한 여배우 그레이스 켈리가 같이 출연한 배우에게 2달러 지폐를 선물 받고 모나코의 왕비가 되었다는 일화가 있어 세계인에게 '2달러는 행운'이라는 등식이 성립됐다고 한다.

행운의 2달러를 지니고 있는 사람에게 뜻밖의 행운이 온다고 한다. 올 초에 존경하는 선생님이 승진 축하 선물로 주신 2달러를 책상에 놓아두고 수시로 보고 있다. 어떤 행운을 기대하고 있다. 얼마 전 프로축구팀 단장이 선수들에게 행운의 2달러를 선물하였다. 그날 홈경기에서 시즌 첫 승을 이루었다고 한다. 역전 골을 넣은 선수는 당당하게 2달러 골 세리머니를 했다. 숫자 '2'는 짝이 있는 수이다. 편안하게 도전할 수 있어 행운을 받을 수 있는 것이 아닐까 생각한다.

'버팔로 5센트'는 1915년에서 1938년까지 발행된 주화이다. 앞면에 고뇌에 찬 인디언 족장의 초상, 뒷면에 아메리카

들소인 버팔로가 각인되어 있다. 미국인들은 동부를 개척하며, 원주민인 인디언을 몰아내고 서부 지역 블랙힐스 부근을 인디언의 영구 거주지역으로 인정해 주었다. 그곳에서 금광이 발견되니 약속을 깨고 신형 무기인 총을 들고 침략을 한 것이다. 무자비한 버팔로 학살과 인디언 학살이 있었다. 미국인들은 서부 개척 시대를 '프런티어(Frontier)정신'이라고 하며, 문화콘텐츠로 활용한다. 그러나 그 이면에 정복자로서 원죄가 상존한다.

미국의 화폐는 대부분 미국을 상징하는 대통령 초상이 있다. 유독 5센트 주화에 왜 인디언 족장의 초상과 버팔로가 각인되어 있었을까? "모든 사람은 평등하게 태어났으며, 조물주는 몇 개의 양도할 수 없는 권리를 부여했으며, 그 권리 중에는 생명, 자유, 행복의 추구가 있다."라는 미국 독립선언서 2장의 초안을 작성한 대통령의 모습이 2달러에 각인되고, 5센트에는 이 정신을 위배한 것을 고백하듯 인디언 추장과 버팔로의 모습이 각인되어 있다. 순박한 개척자의 이미지로 자신을 정당화하면서 이면에 잠재된 정복자로서의 죄에 대한 고해성사와 같은 것이 아닐까 생각해 본다.

아들아! 몸이 작아진 만큼 너의 정신이 더 풍성해진 것을 느꼈다. 참으로 든든하구나. 이 세상은 전쟁의 역사이며 승자가 중심이 되어 왔다. 그 중심이 네가 앞으로 몸담아야 할 군대이며, 그곳이 민주국가의 초석이다. 미국의 제32대 대통령 프랭클린 루스벨트는 "사람은 기회를 이용할 줄 알아야 한다. 그러나 기회란 찾아와야만 한다. 전쟁이 없다면 위대한 장군을 가질 수 없고 거대한 사건이 없다면 위대한 정치가는 나오지 않는다."고 하였다. 매년 여름 피할 수 없는 수개의 태풍을 맞이하는 것처럼, 너의 성장을 위한 고난은 태풍처럼 맞닥뜨려질 것이다. 고난이 기회라고 생각하자. '2달러'와 '버팔로 5센트'가 갖는 의미를 생각하면서 너의 이야기를 만들어가길 바란다. 보이는 것이 전부가 아니며 이면의 의미를 바르게 생각할 수 있는 지혜를 가지는 사람이 되길 바란다. 행운은 그냥 주어지는 것이 아니다. 행동하여야 비로소 나타난다는 것을 명심하기를 바란다. 너에게 행운이 함께하길 기도한다.

독립기념일

어릴 때 나의 꿈은 독립이었다. 여기서 말하는 독립이란 '원룸에서 혼자 사는 것'이다. 소박한 그 꿈을 이루지 못하고 결혼하였다. 스물여섯, 스물네 살의 남매를 둔 지금도 독립이 꿈이다. 친구는 내 이야기를 듣고 우스갯소리로 계약기간이 남아 있어 어쩔 수 없으니 만료되면 재계약을 할지 말지 고민해 보라고 한다. 여하튼 독립의 꿈은 아직도 진행 중이다. 죽어야 이루어지는 것이 아닐까 하는 생각마저 든다. 이번 추석 연휴에 벌초하면서, 선대 조상 부부가 나란히 누워 있는 것을 목격하고 이마저 쉽지 않을 것 같다고 생각하였다. 한곳에 고정되지 않고 자유롭게 다니는 그런 삶을 살고 싶은데 적재적소에 구속의 끈이 나를 묶고 있어 답답하다.

남매는 1년 전 취업을 하였다. 둘 다 아직 안정된 직장이 아니지만, 꾸준히 다니기는 한다. 딸은 고등학교 졸업할 때부터 운전면허증을 따라고 종용을 받았으나 6년이 지나도 운전면허를 따지 않고 있다. 생활 습관의 문제로 잔소리하면, 출퇴근이 어렵다며 가까운 곳에 방을 얻는다고 했다. 감시받지 않겠다는 나름의 수법이다. 독립이라는 말은 우리 집에서 자유를 쟁취하기 위한 구호가 되고 있다. 도저히 안 되어 석 달 전 중고 자동차를 구입하였다. 관리 및 보험료 등의 이유로 내 이름으로 자동차를 등록하였다. 차를 보여주면서 "너의 차다."라고 했다. 결국 딸은 자동차학원에 다니면서 신기하게도 한 번 만에 모든 과정을 통과하여 나름 쉽고 빨리 운전면허를 취득하였다. 사실 운전하게 하려니 나도 겁이 났다. 그래서 말로만 하라고 부추겨 6년 세월이 된 것이다.

남편은 딸의 운전을 직접 연수해 주었다. 2주 정도 딸 옆에 앉아 소리 한번 지르지 않고 잘한다고 독려해가며 가르쳤다. 이제는 출퇴근 정도는 할 수 있게 되었다. '초보운전, 미안해요.' 스티커를 차량 뒤에 붙여 두고는, 저게 내 방탄이라 외친다. 연수시키는 동안 남편은 발에 너무 힘이 들어가 쥐가 날 정도였다고 한다. 소리 지르고, 나무라면 운전을 포기할 것 같아, 참느라고 애꿎은 헛된 브레이크만 밟았다고 한다. 자가용으로 출퇴근하는 딸에게 물었다. "운전하니 신

세계가 열린 것 같지 않니?" 딸이 말했다. "이제 진짜 내가 어른이 된 기분이야." 딸은 그동안 미안했어! 하는 표정으로 나를 본다. 그렇게 운전 경력을 쌓아가고 있다.

한 달 뒤 군 장교로 근무하고 있는 아들에게서 연락이 왔다. "직장이 재미없다. 내가 왜 이곳에 있어야 하나, 차라도 있으면 드라이브라도 하고, 대형 할인점이라도 가서 먹거리도 사 올 것인데." 하고 갑자기 투정하기 시작했다. 남편은 아들에게 아직 어려서 자동차는 안 된다고 못을 박았기 때문에 틈이 있는 엄마를 목표로 디도스처럼 공격하기 시작했다. 도저히 안 되어 남편을 설득했다. 직업 특성상 집에도 자주 못 오고, 군대 주변에 놀거리도 없어 나름 스트레스가 많은 것 같다고 말했다. 의논 끝에 얼마 전 딸 차를 매입한 중고 자동차 상사를 통해 아들 차도 샀다. 이 차도 같은 이유로 내 이름으로 등록하였다. 남편은 아들은 멀리 떨어져 문제가 생겨도 도움을 줄 수 없다며 꼼꼼하게 정비를 한 후, 아들이 있는 경기도 부천으로 차량을 몰고 갔다. 아들은 부모가 멀리서 왔다고 좋은 양고기 집을 검색해서 예약해 놓았다. 그런 모습을 보니 사회인이 다 되었다는 생각이 들었다. 푸짐하게 저녁을 대접받았다. 남편은 술을 마셔 취기가 올랐다. 식사 후 커피숍에서 커피를 마시며 파란색 커버를 씌운 차 키를 아들에게 전해주는데 갑자기 이상한 마음이

들었다. 차 열쇠가 아들의 독립선언서 같았기 때문이다.

　아들에게 자동차를 넘겨주고 KTX를 탔다. 대전쯤 왔을 때, 딸에게서 온 문자를 뒤늦게 확인했다. "어머니, 마중 나가요." 세상에 어쩌나, 동대구역은 운전 경력이 좀 있는 사람도 정차해서 기다리기 어려운 장소인데…. 지도를 검색하여, 동대구역 주변 주차장이 있는 카페 주소를 보냈다. 그러나 딸은 휴대전화로 내비게이션을 맞추어 운행하다 보니 보지 못했다. 기차가 도착할 무렵 울먹이는 딸에게서 전화가 왔다. "여기가 어딘지 모르겠어, 내비게이션이 이상한 길을 가르치고 있어, 사람도 없고, 나는 어쩌면 좋아."

　일단 차를 세우고 카카오톡으로 위치를 보내달라고 하였다. 딸이 전송해 준 내비게이션 주소를 검색하여 찾아가려니 앱이 알려주는 길은 보행자 길이 없는 내리막 도로였다. 분명히 근처인데 내비게이션이 도보로 가는 길을 안내해 주지 못하였다. 택시를 타려니 30명 정도 줄이 서 있었다. 잠시 뒤 전화가 왔다. "운전 못하겠다. 택시가 못 서 있게 빵빵거린다. 차도 박았다. 나 죽을 것 같다. 빨리 와줘." 다급한 목소리였다. 보이는 것을 말하라고 하니 동대구역 간판이 보이고, 6이라는 글자가 보인다고 하였다. '6'이라고 흥분해서 말하는 소리를 옆에 있던 50대 남자가 듣고는 동대구역 대합실로 다시 들어가 반대편으로 나가보라고 말과 손짓으로 도움을 준다. 6번 게이트를 통해 나가보니 갓 차로는 택시 전용차로이고, 그 옆 차로는 승객이 승하차만 하는 곳인데 딸의 차가 그곳에 있었다. 뒤차들이 빵빵거리며 딸이 타고 있는 차량을 피해 가고 있었다. 차가 딸의 마음처럼 갈팡질팡하는 것이 멀리서도 느껴졌다. 정신없이 뛰어갔다.

차가 단단한 콘크리트로 된 턱에 박아 휠과 옆면이 조금 긁혀 있었지만, 우려한 큰 사고는 나지 않았다. 딸의 이야기처럼 초보 딱지가 방탄이 된 것 같았다. 눈은 퉁퉁 부어 있었다. 딸은 나를 보더니, 참았던 말을 방언처럼 토해 내었다. 무슨 말인지 모를 말들을 한꺼번에 말이다. '우주에서 왔니?'라고 설익은 개그를 하였다. 딸은 부모를 생각해서 마중을 나왔는데 부모는 오히려 지옥을 체험하였다. 그런 내색은 감추고 내가 운전대를 잡으면서 "오늘 진짜 소중한 선물을 받았네. 딸이 마중 나온 차를 다 타보고." 마음속으로는 '참 자식이 무엇인지, 독립시키기 어렵구나.'라고 생각하며 어색한 웃음을 지었다.

어제는 아들이 오토바이와 접촉 사고가 났다는 전화가 와서 교통사고 처리 절차를 알려주었다. 차 키를 주면서 독립하는 희망을 품었건만, 내 명의로 된 두 대의 차가 나를 또 구속한다. 차량을 아이들 명의로 바꾸려면 또 몇 년을 기다려야 한다. 자동차 명의까지 돌려주고 나면 나는 훨훨 날 수 있을까. 혼자 네팔도 가고, 제주도에서 한 달도 살고 싶은데 말이다. 나의 독립을 기다린다. 그날은 오겠지!

2024년 《에세이스트》 12월호

폭싹, 속았수다

　　'이제 그만할란다.' 시어머니가 올해 김장 끝에 말씀하셨다. 그리고 선산을 바라보며 멍때림 하셨다. 어머님은 종부이다. 맏며느리인 나도 종부가 될 공동운명체이다. 4대째 내려오는 시골집은 비워두고, 시부모님은 읍 소재지에 있는 작은 주유소를 운영하며, 그곳에 딸린 주택에 30년 이상 거주하셨다. 어머님은 허리가 많이 굽었다. 류머티즘 관절염이라 손가락도 많이 돌아갔다. 그래도 쉬지 않고 일하셨다. 빨간 고로가 있는 주유소 잠바를 걸치고 굽은 허리로 주유기를 잡고 주유하시는 모습은 보는 이로 하여금 놀라움을 자아내게 하였다. 자식이 된 도리에선 죄짓는 기분이라 만류하였지만, 어머님은 몸이 허락하는 대로 일하겠다고 고집을 부리셨다.

　　그 바쁜 와중에도 시부모님은 12월이 되면 연례행사로 김장을 해서 일곱 명의 자녀들에게 나누어 주셨다. 추운 겨울날, 찬바람 맞으며 시골 마당에서 김장하는 것이 여간 힘든 것이 아니었다. 굽은 어머님의 허리로 장만한 김치를 김치통에 담아올 때는 노인의 노동을 갈취한 느낌이 들어 늘 불편했다. 김치를 사 먹거나, 절임 배추를 사서 아파트의 온기 있는 부엌에서 조용히 장만하고 싶었으나 차마 말하지 못하고, 김장철만 되면 애꿎은 남편에게 투정만 하였다.

　10년 전 시부모님은 주유소를 접고 시골집으로 돌아오셨다. 아버님은 힘이 들지만, 주유소 사장이라는 이름표가 사는 힘이었던 것 같다. 시골로 돌아오고 나서부터 급격히 약해지시더니, 3년 뒤 세상을 떠나셨다. 홀로 된 어머님은 텃밭에 고추 농사를 지으셨다. 남편은 고랑에 검정 비닐 씌우기, 고춧대 세우기, 농약 치기 등 엄마의 전화를 받고 주말에 수시로 일하러 갔다. 남편에게 사 먹는 것이 오히려 경제적이라고 투정하면, "엄마가 소일거리고 하시는 것이니 계산하려 들지 마. 엄마의 놀이터 이용료라 생각해."라고 했다.

　어머님은 올해 고추 농사가 동네에서 제일 잘 되었다고 자랑하셨다. 얼마 뒤 나를 붙잡고 한탄하셨다. '건조기가 없어 남에게 맡기니 양이 많이 줄었다.'고 한탄하셨다. 사실 어머님의 계산이 틀릴 가능성이 농후했다. 하지만 살아가는 과정에서 가까운 일가친척에게 배신을 많이 당해 의심이 많으셨다. 어머님에게 고추 농사는 소일거리가 아니라 한해 부여된 과제였다. 따라서 고추 수확물은 어머님에게 한해 성적표였다. 그만큼 고추 농사에 진심이셨다. 수험생이 시험을 치르고 나면 자꾸 변명할 거리를 찾는 것처럼 그렇게 말이다.

결혼하고 30년 동안 김장을 해왔는데 올해 처음으로 어머님의 그 마음이 이해되었다. 처음으로 긍정적이고 능동적으로 김치에 양념을 치대고 있었다. 내가 "이제, 그만하세요. 내년부터 제가 김장할게요."라는 말을 내놓기가 바쁘게 어머님은 "이제 그만할란다."라고 답하시는 게 아닌가. 모든 것을 내려놓으시려는 것 같았다. 몇 해 전 열두 번의 제사를 나에게 넘기면서 그랬던 것처럼. 순간 가슴이 쿵 내려앉았다. "어머님, 그럼 김장 양념은 마련해 주세요." 그 말을 하자 어머님의 눈동자가 빛났다. "그래, 양념은 해줄게. 내년에 고추 농사 더 잘 지을 거야." 내 마음의 소리는 이랬다. '어머님, 내려놓으시면 안 됩니다. 조금만 더 집안을 지켜주세요. 저 혼자 버겁습니다.'

어머님에게 김장은 다 큰 자식에게 줄 수 있는 빨간 젖이다. 그것마저 줄 수 없다고 생각하자 살아가는 이유를 잃어버린 것 같으셨으리라. 건조기를 사서 고추를 직접 건조하겠다고 하셨다. '연세가 87세인데, 얼마나 사용하시려고요.' 그 말이 입 밖에 나오려 했으나 참았다. 한 번이 되더라도 편안하게 수확물을 받게 하고 싶었다. 불신 지옥이라고 하지 않았나. 불신의 꼬투리를 제거하는 것이 낫다고 생각했다. 내년에는 어머님이 수확하여 직접 건조하여 마련한 고춧가루로 만든 양념장을 받아 새끼 종부인 내가 주관하여 김장하는 모습을 그려본다. 김장의 방식은 더 간소하게 바뀌겠지만, 내리사랑으로 이어질 것이다. 직장을 다녀 아이들에게 모유도 제대로 먹이지 못했다. 어머님이 독립한 자식에게 전해준 빨간 젖(김장김치)의 전통을 이어받아 나의 자식에게 전해주리라 다짐한다. 나의 주도적 김장 시대가 다가온다. 그날이 오는 것이 서글프다. 종부의 자리가 서서히 나에게 스며들고 있기 때문이다.

제사를 물려받았기에 명절이나 아버님 제사 때 어머님이 우리 집으로 오신다. 어머님은 행사가 끝날 무렵 늘 나에게 말씀하신다.

"야야, 속았다."

한 해, 두 해 시간이 흐를수록 그 말이 와닿는다. 굽은 허리와 돌아간 손가락을 보며 마음속으로 이야기한다. 요즘 인기 있는 드라마를 떠올리며,

"폭싹 속았수다."

덕질은 나의 삶이요, 생명수와 같다. 박제된 우상으로 존재하는 아저씨, 조만간 지금까지 덕질한 감성을 끌어내 아름다운 가사를 써서 전하련다. '**해맑은**'이란 단어를 꼭 넣으련다. 노래는 가수의 표현 수단이라 살아 있는 한 계속 나올 것 같다. 나 또한 글이 나의 표현 수단이 되어 계속 나올 것 같다. 해맑은 그리움으로, 우상처럼. 나의 새로운 덕질은 진행 중이다.
_〈해맑은 덕질〉 중에서

3부

해맑은 덕질

해맑은 덕질

　　중학교 1학년 때 조숙한 친구가 가수 '조용필'을 좋아했다. 그 애는 기승전결 조용필이었다. 신기해서 나도 따라 해봄직하다고 생각했다. 요즘 말로 '덕질'이다. 덕질은 어떤 분야를 열성적으로 좋아하여 그와 관련된 것들을 모으거나 파고드는 일이다. 텔레비전을 보던 중 내 마음을 흔드는 눈빛의 가수가 있었다. '**백영규**', 나도 덕질을 해보자고 작정했다. 가수를 탐색하기 시작했다. 싱어송라이터, 통기타 가수, 인천 부평 출신, 고등학교 때 야구선수였고, 외국어대 이태리어과를 졸업했다.

　　나보다 열여섯 살이 더 많아 '나의 아저씨'라 생각했다. 그해 가을, 방송과 길거리에 〈슬픈 계절에 만나요〉라는 노래가 쉼 없이 흘러나왔다. 우수에 가득한 눈빛의 가을 남자로 대중에게 어필되었다. 언론에 나타난 가수의 스토리 조각, 조각을 퍼즐처럼 맞추어 나의 우상으로 세웠다. 1981년 개천절 다음 날, 마당에서 화단을 가꾸던 엄마가 우체부에게서 편지를 받았다. 보낸 사람이 '백영규'라며 가수라는 것도 모른 채 나에게 온 엽서에 쓴 편지를 내밀었다.

'가을 아저씨'라고요? 참 좋은 이름인 것 같아요.
낙엽도 있고, 좋은 책도 있고, 풍성한 마음도 있고, 아름다운 사랑도 그릴 수 있고, 하늘만큼이나 높은 싱그러움도 있는 곳에 있다는 것은 너무나 즐거운 일이에요.
하지만, 이런 가을이 빨리 지나는 것을 생각하니 벌써 아쉽기만 하군요.
이런 좋은 계절에 우리 서로가 좋은 계획을 세워 알찬 나날이 되어야겠죠.

1981. 10. 백영규

40년 전 앨범 속에 끼워둔 편지를 꺼내어 보니 정성껏 볼펜으로 쓴 가수의 손때가 묻어 있다. 그때는 그것을 느끼지 못했는데 이제 보인다. 어느 방송에서 가수에게 가장 기억나는 별명을 물으니, 어떤 소녀 팬이 '가을 아저씨'라고 지어준 것이라고 말했다. 나의 덕질이 풍경 소리로 화답했다. 어느 날 친구 경숙이가 나에게 말했다. "너 그거 아니? 너의 눈빛, 네가 노래하는 모습이 네가 말한 그 님과 똑같아." 단짝 친구에게 가수를 늘 '님'이라고 말했다. 왜냐하면 가수는 그리운 사람을 '님'으로 표현했기 때문이다. 사람이 사람을 좋아하고 그리워하면 닮아가는가 보다.

가수는 시인 김남주의 〈가난한 이름에게〉, 소설가 한수산의 〈성이여 계절이여〉 등 문학작품을 모티브로 하여 곡을 발표하기도 했다. 코로나 시국에 병상을 누비며 고생하는 사람을 '천사'라고 표현한 곡을 만들어 잔잔한 울림을 주고 있었다. 반복하여 듣다 보니 가수가 작사한 노래의 가사는 내 삶의 일상 언어가 되었다. 스물여섯 살, 어엿한 사회인이 되었을 때, 가수로부터 전화가 왔다. 이전에 내가 편지를 한 적이 있었다. '가을 아저씨라고 부른 소녀가 이제 커서 사회인이 되었다. 대구에 오시면 꼭 연락을 달라. 대구 동성로에 멋진 주막촌으로 모시겠다.'라는 내용이었다.

대구에 음악을 하는 후배를 만나러 올 일이 있다고 하며 같이 한번 보잔다. 우상이 현실 속으로 들어왔다. 수성구 소재 식당, 입구에 라만차의 물레방아 같은 것이 놓여 있는 고깃집에서 우상과 팬, 가수에게 곡을 받고자 하는 신예 가수, 이렇게 급작스럽게 만난 사람들과 고기도 먹고 술도 한잔했다. 2차로 내가 소개한 동성로에 있는 전통 깊은 주막촌으로 갔다. 우상이 현실 속으로 들어온 날, 너무 담대하였다. 늘 본 사람처럼 친근하게, 정답게….

헤어질 때 약속했다. 팬은 좋은 가사를 보내고, 우상은 좋은 곡을 만들어 주기로. 이상하게 현실 속으로 들어온 후 우상에 대한 덕질은 멈추었다. 이후 한 번씩 인터넷 검색을 통하여 가수의 소식을 접하고 있다. 인천 지역을 대표하는 경인방송에서 수년간 '가고 싶은 마을' 기획 및 디제이를 하였으며, 현재 '백다방'이라는 이름으로 공연하고 있다. 과거와 추억을 소환한 '음악다방' 콘셉트는 소외된 7080, 8090 세대 놀이공간으로 자리를 잡고 있다고 한다.

우상이 노래하면 소녀에게는 시였고, 사랑이 되고 그리움이 되었다. 그 만남에서 가수에게 물었다. "아저씨의 곡은 왜 슬픈가요?" 가수는 말했다. "나의 노래를 다들 슬프다고 하지만 그게 아니에요. 〈슬픈 계절에 만나요〉 마지막 소절에 '슬픈 계절에 우리 만나요. **해맑은** 모습으로'라고 되어 있잖아요. 나의 노래는 슬픔 뒤에 오는 희망을 담고 있어요." '해맑은'이라는 가사를 거듭 말했다. 그 무렵 노래 가사에 잘 사용하지 않는 말이었단다.

참으로 좋은 덕질이었다. 기획사에서 추구하는 인물상을 만들었고, 팬은 그 콘셉트를 맹신하여 가수를 가을, 이별, 그리움의 대명사로 우상을 세웠다. 내가 각인시킨 이미지처럼 우울, 고독이라는 단어와 검은색을 좋아하며 어른이 되었다. 우상을 만난 이후 많이 밝아졌다. 희망의 메시지를 받았기 때문이다. 시대에 따라 우상을 만들어 가고 있다. 아저씨는 가슴 깊이 박제해 두고, 민경훈, 김호중, 박창근, 안성훈, 남승민으로 덕질 진행 중이다. 덕질한 가수들을 하나의 선상으로 연결하면 내 영혼이 맑아진다는 것, 그 덕분에 해맑은 감성을 아직도 품으며 살고 있다.

가수는 그리운 사람을 '님'으로 표현했다. "님 찾아가면 내 님은 날 반겨주시겠지", "그 님 모습 기다렸지만", "그리운 내 마음 계신 곳" 어릴 적 낙서장에 전부 '님'으로 도배되어 있었다. 삶이 시가 되고, 노래가 된 님은 오늘도 노래하며, 그의 고향인 인천을 포크 음악의 산실로 만들고자 열일을 하는 중이다. 40년 이상 노래하고, 22장의 음반, 230여 곡을 창작하였고 현재도 창작 중이다. 노래도, 외모도 치장하지 않고 있는 그대로 표현한다. MSG를 넣지 않은 음식처럼….

오십 중반에 글을 쓰기 시작했다. 어릴 적 우상을 분석하던 습성과 감성이 글을 쓰는 데 큰 밑천이 된다. 유심히 그 눈빛에 반해 덕질을 시작했는데 가수의 한결같은 모습을 보면서, 덕질은 충분한 가치가 있었다고 생각한다. 덕질은 나의 삶이요, 생명수와 같다. 박제된 우상으로 존재하는 아저씨, 조만간 지금까지 덕질한 감성을 끌어내 아름다운 가사를 써서 전하련다. '**해맑은**'이란 단어를 꼭 넣으련다. 노래는 가수의 표현 수단이라 살아 있는 한 계속 나올 것 같다. 나 또한 글이 나의 표현 수단이 되어 계속 나올 것 같다. 해맑은 그리움으로, 우상처럼. 나의 새로운 덕질은 진행 중이다.

블로그, 그 아름다운 다리

그리운 국어 선생님! 대명 여자중학교를 입학했던 해가 1980년입니다. 그때 저의 나이 열세 살, 선생님은 아마 40대 중반이었던 것 같습니다. 나이에 비해 조숙했었나 봅니다. 친구들은 어리게 보였고, 성장통과 더불어 감출 수 없는 감성을 연예인에게 풀어도 보고, 혼자 콕 처박혀 고독을 씹어도 보았습니다. 국민학교 때와 달리 과목에 따라 선생님이 있었습니다. 처음 접하는 국어 시간, 선생님은 수더분한 얼굴로 나타나, 국어책을 멀리한 채 시 한 수 적고 외우게 하였습니다. 그 느낌이 너무 신비하고 좋았습니다. 모든 수업 시간이 나에게는 국어 시간이었습니다. 혼자 멍때리며 연습장에 낙서하였습니다. 온통 시로 가득 찼습니다.

선생님은 수업 시간에 이런 말씀을 하셨습니다. "어릴 때 산골 골짜기에 살았다. 이른 봄, 진달래가 꽃대궐을 이루었다. 도회지로 나가는 완행버스가 떠날 때 한 소녀가 치마 가득 진달래를 꺾어 안고, 도회지에서 온 승객에게 선물했다. 예쁘고 고운 꽃을 시골을 찾은 사람들에게 선사하고 싶었다." 그 소녀가 선생님입니다. 소녀의 진달래꽃은 제 감수성의 밑그림이 되었습니다. 수업이 시작되면 5분 정도 시 한 수를 들려주시고 때론 시를 외우게 하였습니다. 평범한 저는 선생님 몰래 시를 쓰고 홀로 감성을 달랬습니다. 그때 제가 낙서한 글들은 남아 있지 않지만, 시인이라 생각하면서, 나름 예쁘고 아름답게 연습장을 채웠던 것 같습니다.

 올해도 여전히 봄은 왔습니다. 아이스크림 같은 목련이 꽃을 피우고, 꽃이 지고, 잎새가 납니다. 또 노란 개나리가 피고, 산등성이에 가득한 진달래가 빛 축제를 하듯 보라와 분홍빛을 발산하고 있습니다. 사춘기 소녀의 마음을 불러봅니다. 이름조차 희미한 선생님의 모습이 떠오릅니다. **오복수** 선생님! 불러봅니다. 당신은 저를 기억하지 못할 겁니다. 조용하고 평범한 학생이었기 때문입니다. 선생님이 불러일으킨 시심(詩心)은 '너의 감성을 아름답게 가꾸어. 너의 글을 쓰면서 살아야 한다.'는 메시지였습니다. 스승의 날입니다. 선생님의 그 마음을 흉내 내어 봅니다. 나도 선생님처럼 사랑의 감성을 담고 남은 시간 향기롭게 살 거라고 다짐해 봅니다. 설익은 봄비가 대지를 부드럽게 적시고 있습니다.

선생님은 이 비를 보며 어떤 마음을 담을까요. 저는 꽃들의 눈물이 아닐까 생각해 봅니다. 이 계절에 꽃을 활짝 피우고, 져버리기 때문입니다. 꽃나무는 꽃 피워 아름다운 것이 아니라, 꽃을 피우기 위해 준비하고 갈망해온 그 과정이 아름답다고 생각합니다. 미흡한 인생을 살면서도 세속에 물들지 않으려고 노력합니다. 때론 욕정 때문에 자신에게 부끄러운 때도 있습니다. 그렇지만 저에겐 당신의 깨끗한 영이 항상 채찍이 되고 있습니다. 감사합니다. 제 마음에 계신 선생님 꼭 한번 만날 것으로 생각합니다. 제가 이렇게 갈망하기 때문입니다….

2008년 스승의 날 즈음해서, 참 스승을 생각하면서 개인 블로그에 올린 글이다.

일 년 뒤 선생님의 딸이 댓글을 달았다.

"인터넷 서핑하다 엄마의 이름이 묻은 블로그 글을 발견했습니다. 엄마가 3년 전 뇌출혈로 편측마비가 오셨습니다. 글을 출력해 엄마에게 보여주었더니 너무 좋아하셨습니다. 제자가 올린 블로그 글을 수시로 출력해 드리고 있습니다. 엄마는 주위 사람들에게 제자의 글을 자랑하고, 힘든 일을 올리면 안타까워하고, 기쁜 일을 올리면 기뻐합니다. 제자의 이름과 얼굴 사진을 보고 싶어 하십니다. 엄마는 아직도 소녀 감성 그대로 살고 계시며 딸보다 제자가 쓴 블로그 글을 더 반가워하십니다."

그 답글을 보고, 나는 너무 놀랐다.

"기적이 일어났어요. 그리워하는 사람을 만났습니다."라는 내용의 새 글을 올렸다. 아마 그 글을 선생님께 바치고 싶어서일 것이다. 딸에게 나의 이름, 사진을 메일로 보내주었다. 이후 나는 집안일과 직장 생활을 병행하면서 마음의 여유가 없어 블로그에 자주 글을 올리지 못했고 네이버 블로그를 주로 사용하여 다음 블로그에는 잘 들어가지 않았다. 어느 날 선생님의 딸이 내 글에 단 댓글을 한참 지나 보게 되었다.

"10여 년 전 글이라 제가 댓글을 달아도 언제 보실지 모르겠지만 인사 올리겠습니다. 어머니를 기억하고 있는 사람이 가족 말고도 있다는 것이 무엇보다도 고맙습니다. 어머니는 퇴직하시고. 그리워하던 고향인 경남 밀양에서 여생을 마치셨습니다. 2010년 6월에 돌아가셔서 고향에 있는 천주교 묘역에 묻히셨습니다…."

일 년간 선생님에게 국어 수업을 들었으나, 개인적으로 선생님과 이야기를 나눈 적이 없다. 선생님은 내 이름도 모르셨지만, 수업 시간 나는 늘 선생님과 하나였다. 글을 쓰게 된 동기를 만들어 준 선생님, 밀양 깊은 산골에 사는 어린 소녀는 도회지에서 온 손님들에게 자신이 생각하는 가장 소중한 것을 선물하였다. 꽃을 선물한 그 마음, 내가 살아가면서 틈틈이 진솔한 글을 쓰려는 마음과 같지 않을까. 선생님은 나에게 감성을 알게 해주셨고, 내가 마음에 품고 있는 진달래 피는 고향 마을에서 나의 글을 가슴에 품고 소천하셨다.

블로그 글에 적힌 선생님 이름 석 자가 만들어낸 기적, 그 아름다운 다리를 놓은 선생님의 딸도 참으로 고운 사람이다. 용기 내어 만났을 수도 있지만 서로가 그리움을 소중하게 품고 싶었던 것 같다. 그리움은 그리운 대로 두어야 아름다운 것을 서로가 알기에…. 이근대 시인은 "가슴속의 사랑은 살아 있다. 그 사랑이 살아 있는 한."이라 하지 않았던가. 그 믿음을 가지고 그리워하며 고백의 글을 쓴다. 선생님께 한 약속처럼 제대로 된 글을 아직 쓰지 못하고 있다. 얼마 전 노트북과 다초점 안경을 마련하였다. 이제는 선생님께 약속한 '나의 글'을 쓰면서 맘껏 그리워하려 한다.

모처럼 갓바위에 올랐다. 갓바위 입구에 1,365개의 계단이 있으며, 1년 365일 연중 찾는 명소라는 의미라고 새겨져 있다. 작은 것에서 의미를 찾아가는 것이 글이 아닐까. 산 아래는 개나리도, 목련도, 진달래도 피건만, 산에는 어제 갑자기 기온이 내려가며 내린 눈이 나무 사이에 쌓여 있다. 산 중턱에 핀 생강나무가 연노랑 꽃을 피우다 추위에 움츠려 있다. 계절의 병존인가, 병목일까! 산에 핀 진달래꽃을 보면 늘 꽃을 따서 선사한 그 소녀가 떠오른다. 나무를 깎는 듯 울어대는 딱따구리의 소리가 들려, 나도 따라 나무 바닥에 발을 굴림과 동시에 손가락을 빨리 움직여 그 소리를 따라 해본다. 봄에는 선생님처럼 소박하게 포장한 작은 꽃을 누군가에게 선물하고 싶다. 꽃이 이 세상에서 가장 아름다운 것이기 때문이다. 왠지 선생님의 딸이 나에게 또 댓글을 남기지 않을까 기대해 본다.

초록 핀

　　7080 세대의 상징인 '못난이 인형' 헤어스타일이 어릴 적 내 모습이다. 귀 높이의 머리 길이, 눈썹 위로 오는 앞머리를 하였다. 고등학교 때, 어린아이들이 나를 '간난이'라고 부르며 따라온 기억이 있다. 그 당시 국민 드라마였던 〈간난이〉에서 간난이 역을 맡은 아역배우의 머리가 나와 똑같았고 이미지가 비슷했기 때문이다. 엄마가 내 미용사였던 그때, 뽀얗고 볼이 통통한 못난이 네모 공주가 거울에 비친 내 모습이다. 이마와 뒤통수가 튀어나와 앞 곰베, 뒤 곰베가 내 부끄러운 별명이었다.

　　대학 1학년 때, 동아리 동기 남학생이 강원도 어느 바닷가를 다녀와서 내게 초록이 어울린다며 초록색 머리핀을 선물했다. 머리를 길러 그 핀을 꽂아 달라고 부탁하였다. 그 애가 나를 좋아하는 것이 싫어 쇼트커트를 하기 시작했다. 여자 경찰관이 되어 교육받을 때만 해도 규정상 긴 머리는 위반이라 스스로 상고머리를 한 후 25년 동안 같은 스타일을 유지하였다. 나는 전형적인 한국 여성으로 두상이 컸다. 머리가 길면 얼굴이 더 커 보이고 다리가 더 짧아 보일 것 같아 머리카락이 조금만 귀를 덮으면 미용실로 향했다.

딸도 나처럼 짧은 머리를 하다가 대학생이 되면서 머리를 기르기 시작했다. 아들도 미국에 교환학생을 다녀온 후, 묶음 머리를 하고 나타나서 많이 놀라기도 하였다. 남매가 나에게 머리를 길렀으면 좋겠다고 합창하였다. 내가 너무 건조하고 딱딱해 보인다는 것이다. 길거리를 걷다 예쁜 핀이 있으면 수시로 사고, 버리기를 반복했다. 아마 긴 머리에 예쁜 핀을 꽂고 싶은 욕망이 있었던가 보다. 아이들의 요구를 수용하기로 마음먹고 반백이 넘어 머리를 기르기 시작했다. 머리카락이 귀를 덮고, 목덜미를 가리기 시작하였다.

여성 모델이 하관이 발달한 얼굴형이라 턱선을 머리카락으로 가리다가 어느 날 사각 턱선을 과감히 드러내었더니 오히려 그것이 개성으로 표현되어 모델로 성공했다고 고백하였다. 나는 자존감이 너무 낮아 긴 머리를 하고 싶어 예쁜 핀을 수시로 사면서도 차마 머리를 기르지 못했다. 머리를 기르는 동안 미치도록 미장원에 가고 싶었다. 머리카락이 길어질수록 얼굴이 더 커 보였고 광대는 더 튀어나와 보였기 때문이다. 어느 정도 길이가 되어 머리를 묶게 되자 오히려 얼굴이 작아 보이기 시작했다.

머리카락의 의미는 무엇일까. 대학 졸업할 때까지 할머니와 방을 같이 사용했다. 할머니는 새벽에 일어나 참빗으로 머리카락을 빗질하고, 손바닥에 동백유 서너 방울 부어 머리카락에 살며시 코팅한 후, 머리카락을 말아 올려 은비녀를 곱게 꽂았다. 그리고 주변에 떨어진 머리카락을 손바닥으로 훑어 모아 버리셨다. 곰방대로 담배 한 대 피우면서 라디오를 켜고 낭랑한 아나운서의 이야기를 들었다. 환갑 때 선물로 받은 일곱 돈 금비녀는 소중한 보물로 한 번씩 꺼내 감상만 하셨다.

할머니에게 항상 근접 못할 여인의 품격을 느꼈다. 82세가 될 때까지 머리를 단정히 하고 지내다가, 당신 스스로 머리를 손질할 수 없게 되자 처음으로 미용실에 머리를 맡기고 쇼트커트를 하셨다. 평생 쪽머리를 하신 할머니, 돌아가시기 전 요양병원 침상에 누워 계시던 모습, 낯선 머리에 많이 울컥하고, 그 쪽머리가 그리웠다. 할머니가 돌아가실 때 환갑 선물로 받아 고이고이 접어 간직하며 한 번도 사용하지 않은 금비녀를 보면서 속울음을 하였다.

일본 속담에 머리카락은 오랜 친구라고 한다. 髮(터럭 발)을 파자하면 왼편은 長(길 장)을 변형한 모양이고, 오른편은 터럭을 의미하는 彡(터럭 삼), 아래는 友(벗 우)이다. 머리카락이 늘어선 친구라는 의미이다. 구약성서 《사사기》에 등장하는 삼손은 이스라엘의 군사 지도자로 머리카락에서 힘이 나왔다. 역사적으로 볼 때 긴 머리에 대한 것은 힘, 고집, 근엄함을 상징하였다. 거울을 보면서 머리카락과 내가 대화를 나눈다. 몸의 상태, 마음에 따라 머리카락에서 받는 느낌은 다르다. 동물성 단백질이기 때문인가, 여하튼 친구인 것 같다.

싱그런 캠퍼스를 누빈 그 시절, 초록 핀을 사주며 머리를 길러보라고 한 동기의 말, 그때는 별 의미 없이 받아들였는데 이제 그 마음이 느껴진다. 청춘일 때 긴 머리카락 날리며 지냈다면, 이성(異姓)에게 좀 더 매력적으로 다가서서 결혼도 잘했을 것 같고, 현재의 고집불통 남편도 만나지 않았을 것 같다. 남편은 요즘 거울 앞에 긴 머리를 쓸어 올리는 나의 모습을 보면서, 함부로 못하는 성스러움이 있다고 말한다. 내가 머리를 자를까 물어보면, 사람들이 함부로 대하지 않는 힘이 있다고 하면서 다듬기만 하라고 한다.

머리카락을 쓸어 올릴 때 잡히는 느낌이 참 좋다. 청춘이었을 때 긴 머리카락이었다면, 좀 더 당당했을 것이다. 늘 남과 비교하며 자신을 원망한 청춘 시절, 나의 청춘은 낮은 자존감으로 인해 어두웠다. 그 시절 내가 느낀 노처녀의 마지노선이 서른이었나 보다. 내가 당당했다면 29살 12월에 서둘러 결혼하지 않았을 것이고, 결혼 사흘 전, 시댁에 급작스럽게 예단을 주고 갔다가 자정 무렵 돌아오는 길, 졸음운전을 하지 않았을 것이다. 교통사고로 생긴 얼굴 흉터도 없었을 것이며 그 몰골로 결혼식을 감행하지도 않았을 것이다.

요즘 남성들은 컬이 강한 파마를 한다. 한국인은 각진 얼굴, 직모가 많아서 머리가 붙으면, 왠지 초라하게 보인다. 컬을 넣으므로 풍성해 보이고, 조금은 느긋해 보인다. 남자들의 풍성한 파마에서 나는 묘한 예술가의 매력을 느낀다. 새벽에 일어나 머리카락을 쓸어 올려본다. 이런 호사를 나는 왜 이제 누려 보는 것일까. 신체가 준 자연스러운 부산물인데 나는 알뜰히도 제거했었다. 왜 그랬는지 후회가 된다. 청춘일 때 예쁘게 길러 찰랑거리며, 매력적으로 살아볼 기회를 나는 왜 애꿎은 가위로 난도질했을까. 거울 앞에 앉아 초록 핀을 꽂아 본다.

늦은 고백

"보고 싶다. 창숙아!" 이것은 시내버스에 붙은 광고 카피다. 무슨 사연일까? 궁금해서 인터넷 포털을 검색해도 답은 없다. 친구들 단체톡에 물어보니, 대기업 광고다. 곧 2탄 나올 거다, 창숙이가 첫사랑 아닐까, 버스회사 대표의 아내가 아닐까? 다양한 대답이 온다. 곰곰이 생각했다. 하얀 바탕에 검정 글씨. 만날 때를 기다리고 있었는데, 그만 창숙이가 하늘로 간 것은 아닐까. 안타까운 마음을 적은 추모 글이라면…. 불현듯 내 친구 태숙이가 떠올랐다.

그녀는 고등학교 때 같은 반 친구로 옆 분단 내 앞자리에 앉았다. 과외가 불법이고, 교복과 두발이 자율화인 시기였다. 사교육의 부재로 인하여 학교가 입시의 구심점이 되었다. 전교생이 방과 후에 남아 야간 자율 학습을 하였다. 하루에 열네 시간을 친구들과 같이 보냈다. 친구들은 대부분 미리 쉬는 시간에 도시락을 까먹고 점심시간에는 매점으로 직진했다. 라면, 떡볶이, 빵, 쫄면, 아이스크림, 도넛 등을 사 먹었다. 갇힌 육체의 한을 자극적인 먹거리로 치유하였다고나 할까.

그녀의 도시락은 납작하고 네모난, 빛바랜 양은 도시락이었다. 도시락을 열면 보리쌀이 더 많았다. 제삿밥처럼 꾹꾹 눌러 가득 담겨 있었고, 도시락밥이 꺼뭇꺼뭇하였다. 보온 밥솥에 든 하얀 쌀밥, 다이어트를 노래 삼은 친구들은 헐겁게 밥을 담았다. 친구들의 도시락과 그 애의 도시락은 차이가 있었다. 반찬은 거의 김치 종류였다. 그 애는 점심시간을 지켰다. 자기 자리에 앉아 천천히 먹고, 깨끗하게 도시락을 비웠다. 계란말이, 물엿으로 윤기가 흐르는 마른반찬, 햄, 소시지 등의 반찬은 친구들에게 날개 돋친 듯 팔렸고, 맛난 반찬을 싸 온 친구가 당시 언어로 "따봉"이었다.

친구들이 이른 점심을 먹고 매점을 향할 때, 그 애는 도시락을 먹었고 매점에 같이 간 적이 없었던 것 같다. 점심을 먹고 나서 남은 점심시간에도 늘 공부하였다. 눈썹 바로 위까지 오는 앞머리, 귀밑까지 오는 길이의 단발머리였다. 헤어스타일은 얼핏 보면 클레오파트라가 연상되었다. 미용전문가가 층을 내어 볼륨감 있게 커트한 헤어스타일과 차이가 있었다. 눈썹 위에 일자로 된 앞머리와 넓은 검정 테 안경으로 인해 얼굴의 절반 이상이 가려졌다. 그래서 그 애는 그늘져 있었다. 그렇게 책을 잡고 있는데, 생각보다 성적이 좋게 나오지는 않았다. 그러나, 책을 잡고 있어 아무도 무시하지 못하였다. 지금 생각하니 그 애는 책으로 자신의 자존심을 지켰던 것 같다.

친구들 사이에 청바지와 운동화 메이커 바람이 불었다. 특히, 메이커 가죽 운동화는 꿈의 신발이었다. 나는 엄마를 졸라 겨우 천으로 된 빨간 메이커 운동화를 신었다. 겨우 메이커 운동화 대열에 들어섰는데 한 달도 안 되어 누군가 내 신발을 훔쳐가버렸다. 메이커 청바지와 운동화를 신은 친구는 내 눈에 뒤태가 더 예쁘게 보였다. 그때는 그런 물건들로 인해 시험에 들었다.

자율수업 시간에 친구들이 앞에 나가 순서대로 장기자랑을 했다. 그 애의 차례였다.

"나성에 가면/ 소식을 전해줘요/ 중간 생략, 생략, 생략, 안녕~, 안녕~ 내~ 사랑"

아이들은 배꼽을 잡고 웃었다. 그 애도 잇몸을 드러내고 활짝 웃었다. 노래를 더 듣고 싶었는데 너무 많이 생략하며 끝내 아쉬움이 남을 정도였다. 친구들에게 자신을 모두 드러내지 않겠다는 고집이 보였다. 그 애의 노래에 리듬감이 있었다. 처음으로 그 애의 얼굴에서 밝은 미소를 보았다. 미소

끝에 하얀 건치가 유독 눈에 들어왔다. 그때 처음 알았다. 이빨이 참 예쁘다는 것과 보조개가 살포시 잡힌다는 것을.

　5월 어느 날, 반장이 '마니또놀이'를 제안하였다. 대학이라는 관문을 통과하기 위해 힘든 우리가 서로의 마니또가 되어 위로를 주고받자는 이유였다. 마니또란 '비밀 친구'이다. 뽑기를 하여 선정된 상대에게 자신의 정체를 숨기고 편지나 선물, 선행 등을 제공한다. 한 달 동안 마니또가 되는 놀이였다. 일부 마니또는 게임 중간에 들키기도 하였으나, 나의 마니또는 들키지 않았다. 누구일까 궁금했었다.

　처음 의도와 다르게 이상하게 흘러갔다. 마니또가 책상에 몰래 선물을 놓으면, 아이들이 그 자리에 몰리고, 자연스럽게 선물이 공개된다. 좋은 물건을 받는 친구는 어깨가 솟아올랐다. 마니또에게 받은 선물이 공개되기 시작하자 마니또의 기를 살리기 위해 선물이 점점 비싼 것으로 바뀌어갔다. 나도 마니또에게 편지를 쓰고, 선물을 보냈다. 은근히 부담되었다. 나의 마니또는 매일 편지를 내 책상 서랍에 넣고 갔다. 사실 나는 편지보다 좋은 선물을 희망했었다. 그러나 편지만 늘어갈 뿐이었다. 어느 날 포장된 물건이 놓여 있었다. 살짝 뜯어보니 초코파이 한 개였다. 조금 실망했다. 누가 볼까 봐 얼른 선물을 숨겼다. 나중에 서로의 마니또가 공개되었는데 나의 마니또는 태숙이었다.

수험생은 여름을 이기는 것이 가장 힘들다. 정신적인 스트레스로 인해 병원에 다니는 친구들이 생기기 시작했다. 하루는 그 애가 학교에 오지 않았다. 우연히 교무실에 있다가 엿듣게 되었다. 그 애가 볼품없는 도시락, 메이커가 아닌 운동화, 엄마가 깎아주어 세련되지 못한 헤어스타일, 맨날 같은 옷을 입는 것이 싫다고 하며, 엄마에게 학교에 가지 않겠다고 생떼를 부렸다고 하였다. 외모에 관심이 많은 나이였다. 그 애는 동요하는 마음을 감추기 위한 방어막으로 공부를 선택했던 것 같다. 그 사실을 알고 난 후 되도록 그 애와 같이 도시락을 먹으려고 노력했다. 나의 마니또였기 때문에 마음이 쓰였다.

그 애는 그렇게 자존심을 세우며 힘든 청소년기를 견뎌냈다. 그러나 꿈꾸던 국립대학교에 가지 못하고 사립대학교에 입학했다. 같은 과에 간 친구의 이야기로는 4년 동안 장학금을 받았다고 했다. 그 애 또한 매점에 가고 싶었고, 가죽 운동화와 메이커 청바지를 입고 싶었다. 용돈이 없어 군것질하지 못하여 제삿밥처럼 가득 담긴 도시락을 먹었다. 초코파이 한 개를 보며 부끄러워했던 나, 돌이켜보니 그 애가 내 뒤에서 내 모습을 지켜보았을지도 모른다는 생각이 들었다. 모든 것이 서툴렀던 그때 그 시절, 초코파이만 보면 태숙이가 떠올랐다. 초코파이는 정이라는 그 광고가 가슴에 꽂히는 이유도.

　삼십 대 후반의 어느 날, 메일을 받았다. "나, 태숙이야. 너의 마니또 알지. 내가 지켜본 너는 늘 웃음이 가득하고, 뽀얗고 맑았어. 내가 요즘 참 힘드네, 너의 밝은 얼굴을 보면 힘이 날 것 같아."라고 적혀 있었다. 애를 둘 낳고 키우면서 직장 다니느라고 정신없이 살다 보니 사회에서 나의 존재는 사라진 듯했다. 우울증도 좀 있었다. 가슴이 뛰었다. 아직도 나를 예쁜 모습으로 기억하는 친구의 편지는 감동이었다. 친구에게 씻을 수 없는 마음의 빚도 있었기에 그 편지는 세례를 받는 느낌이었다.

　마음과 달리 머뭇거렸다. 그 애가 기억하고 있듯 나는 뽀얗고, 맑고, 밝은 아이가 아니라 늘 주판을 머리에 달고 있는 욕망덩어리였기 때문이다. 떨리는 마음으로 오랜 친구를 만났다. 예전 모습 그대로였다. 그 애의 눈은 맑았다. 결혼하지 않았고, 해외선교를 준비 중이라고 했다. 무슨 일이 있었는지 지쳐 보였다. 자신감도 없어 보였다. 편지를 읽고 어떻게 행동해야 할지 부담이 생겼다. 나는 너무 반가웠지만 내가 속물이며, 그렇게 맑은 사람이 아닌 것을 보여주고 싶었다. 나의 위선을 보여주고 싶었다.

　기쁜 마음과 다르게 이야기했다. "태숙아, 나는 네가 생각하는 맑은 사람이 아니야. 나도 너무 힘들어. 그때도 똑같았어. 내 욕망을 참지 못해 친구를 미워했어. 지금도 마찬가지야. 네가 생각하는 모습이 아니야." 한참 동안 세상에 대한 불평과 불만에 섞인 현실을 이야기했다. 헤어질 때 그 애는 실망한 표정이었다. '너마저, 너마저.' 그런 표정이었다. 헤어진 이후 소식이 끊겼다. 그 애가 나에 대해 너무 기대해서 부담되었고, 그런 기대를 깨주고 싶었다. 순수한 친구에게 마음과 다르게 행동하고 나니 나 또한 다시 연락할 수 없었다. 그렇게 우리는 남이 되었다.

"보고 싶다. 창숙아!" 문구를 보다가, 문득 울먹이며 돌아선 그 애가 생각났다. 나의 마니또, 나 몰래 나를 지켜봐 주던 소중한 친구다. 나를 기억하고 보고 싶어 찾아온 친구에게 왜 그렇게 차갑게 대했을까. 메일을 받고 너무 기뻐 지인에게 자랑까지 했었다. 뜨거운 내 마음과 다르게 마치 보증을 서달라고 부탁하러 온 친구를 만나듯 차갑게 대했다. 열아홉 살 그때, 서로가 자신의 마니또를 지켜보았다. 그 순수한 마음으로 나를 만나고 싶었던 것인데 말이다.

하얀 바탕에 검정 글자로 된 버스 광고 문구를 보면서 그 애가 그리웠다. 그 애가 앞에 나가서 생략이라며 못다 부른 노래처럼, 나도 네 가슴속 이야기를 생략하게 한 못난 사람이었다. 이제는 만나서 네가 생략한 노래를 다 듣고 싶다.

네가 못다 한 말도 듣고 싶다. 그리고 너를 만나는 동안 가슴이 뜨거웠다는 나의 묻어 둔 말을 전하고 싶다.

'넌 나의 하나뿐인 마니또야. 양은 도시락, 마니또의 설익은 감성을 부르는 영원한 친구란다. 너무 늦은 고백은 아니겠지? 보고 싶다. 태숙아!'

* 친구 이름은 가명이며 결이 같은 두 명의 친구 이야기가 섞여 있습니다.
   기억의 오류로 구별이 되지 않네요.

대구 촌닭

　　　　외로움은 나의 변함없는 친구다. 스물두 살 때의 일이었다. 나는 그때까지 사랑도 한번 못 해보았고, 연인의 축제인 크리스마스에도 늘 혼자였다. 같이 다니던 친구마저 선배와 과 커플이 되었다. 홀로 남은 나는 자존감이 바닥에 떨어졌다. 그러던 중 동호회에서 알게 된 남자 후배, 단대 수석으로 입학하여 주위의 관심을 끌던 아이였는데 유별나게 나를 누나라며 따랐다. 간이 좋지 않아 약을 먹고 있었고, 체력이 약해서 저녁에는 일찍 귀가했다. 힘들어할 때는 병원에 따라가 주고 싶은 모성 본능, 연민이 일어났다고나 할까.

　우연히 후배의 연습장에 적힌 낙서를 보게 되었다. 내 이름을 거론하며 사랑한다는 것이다. 나는 꿈을 꾸는 것 같았다. 그때까지 제대로 된 고백을 하거나 받아본 적이 없었기 때문이다. 외로운 나에게 그 낙서 한 줄은 자존감을 일으켰고, 세상이 밝게 보였다. 그때는 청춘이었으니깐.

고백을 기다리는 나의 희망 고문은 시작되었다. '저 아픈 애의 사랑을 받아주어야 하나, 병이 있는데 결혼은 할 수 있을까, 연하인데 가능할까?' 고백을 기다리면서 별의별 생각을 다 하였다. 어느 날 동아리 회원 몇 명과 식사를 하는데, 그 후배 이야기가 나왔다. '올해 단대 수석 입학한 동아리 신입 회원 있잖아. 국문과 선배와 사귄다네.' 내 귀가 갑자기 커졌다. 연습장에 적힌 이름은 동명이인이었다. 그렇게 나는 꽈배기가 된 결론 앞에 너덜너덜해졌다. '내 청춘이 그렇지.' 가슴에 무엇이 끼인 것처럼 답답했다.

겨울을 이겨낸 나무들이 물을 머금고 잎을 피우려고 한다. 나무가 근질근질하여 재채기했는지 겨우내 가지에 붙어 있던 메마른 잎이 결국 떨어졌다. 나의 마음이 나를 채근했다. 고독한 청춘! 탕아가 되어보렴. 메마른 마지막 잎처럼 되지 말고. 나는 스스로가 내린 정언명령을 받고, 수업을 제치고 무작정 바다가 보고 싶어 해운대로 갔다.

그곳에 가면 누군가를 만날 것 같았다. 청춘이니깐. 이른 봄의 해운대는 평온했다. 백사장에 앉아 피서철에 못 찾고 모래에 숨겨진 동전이 있나 싶어 헤집었다. 커피 아줌마가 매서운 눈으로 손님을 찾기 위해 돌아다니고, 연인들이 군데군데 터를 잡고 바다를 탐닉 중이었다. 10미터 정도 떨어진 곳에 덩치 큰 개그우먼 스타일의 대여섯 살 위로 보이는 여자 혼자 바다를 바라보며 앉아 있었다.

혼자 물멍을 하고 있는데, 갑자기 그녀가 나에게 다가와 커피 한 잔을 내민다. "혼자니? 우리 같이 있을까?" 서울말로 상냥하게 말했다. 대구에서 왔다 하니, "좋겠다, 부산 가까이 살아서."라고 말한다. 남자 친구와 헤어졌는데, 그 친구와 해운대를 자주 찾았다고 한다. 해운대의 추억을 그리고, 그린 것을 깨끗이 지우기 위해 왔다고 한다.

외로워서일까. 금세 언니, 동생이 되었다. 언니가 포장마차에서 소주 한잔하자고 한다. 자유분방해 보이는 언니 앞에 촌스럽게 행동하기 싫어 동의하였다. 조붓한 포장마차에 갔다. 초저녁 바닷바람은 쌀쌀했다. 언니는 오징어회와 어묵탕을 시켰다. 몇 잔을 걸치다 언니는 포장마차 아줌마에게 경상도 말투를 흉내 내며 상냥하게 물었다. "아지매, 부산 오징어는 다리가 3개인가 봐여?" 아줌마는 순간 당황하였다. 조금 지나 살며시 쥐포 안주를 덤으로 주었다. 서울 사람의 그 여유로운 익살과 재치가 멋있게 느껴졌다.

언니가 나와 같이 밤을 보내자고 하였다. 오징어 다리 3개로 무한 신뢰가 생겼다. 생애 첫 외박인지라 두려웠다. 그러나 촌티 날 것 같아서, 마음과 다르게 쿨한 척 연기하였다. 같이 소주 두 병 정도 마시다가 근처 모텔에 들어갔다. 언니는 들어가자마자 "나 먼저 씻을게." 하면서 속옷을 덜렁 벗고 알몸으로 욕실에 들어갔다. 갑자기 불안해졌다. 거대한 몸짓, 과감한 말씨와 자연스러운 행동, 혹 조폭, 혹 나를? 몰래 언니의 가방과 옷 주머니를 뒤졌다. 칼이나 총이 나오면 도망가려고 하였다. 다행히 무기는 없었다. 언니가 사과 향기를 머금으며 나왔다. 에라 모르겠다, 나도 옷을 벗고 샤워하였다.

언니와 이런저런 이야기를 나누다가 자정 무렵 밤바다를 거닐었다. 언니가 듬직해서 좋았고, 언니는 내가 왜소해서 좋았던 것 같다. 손을 잡고 맨발로 백사장을 거닐었다. 파도가 밀려가고 밀려왔다. 갈팡질팡하는 내 마음 같다. 언니와 나는 폭죽을 사서 하늘로 던졌다. 둘이 소소하게 불꽃 축제를 즐겼다.

백사장을 따라 거닐다가 동백섬에 가닿았다. 허리까지 오는 동백나무에 빨갛게 핀 꽃이 길 따라 서 있고 자연스럽게 나와 눈이 맞추어진다. 누군가를 기다리는 내 청춘의 숨긴 빛깔처럼 느껴졌다. 가로등에 비친 그 자태가 얼마나 예쁜지. 언니는 한참 울었다. 나도 따라 울었다. 무슨 이야기를 했는지 기억나지 않지만 그렇게 나는 내 잣대만큼 일탈하였다.

그렇게 하루를 보내고 다시 일상으로 돌아왔다. 엄마에게는 청춘사업에 바쁜 단짝 친구 이름을 팔았지만.

 몇 개월 지나 서울에서 언니를 만나 가방 뒤진 일을 고백했다. 언니는 '아휴, 대구 촌닭.'이라며 박장대소했다. 몇 년간 서로 연락하다 부지불식간 소식이 끊겼다. 내가 덕질했던 가수와 같은 백씨라서 언니가 더 좋았던 것 같다. 또 다른 일탈로 그 바다에 가면 나처럼 외로운 누군가를 만날 수 있을까! 마음은 의구(依舊)하건만, 주름과 흰머리가 세월처럼 쌓여간다. 세월이 흘러도 그 바다는 변함없겠지. 어디선가 170센티 정도 덩치 있는 복부인 같은 백씨 언니가 '대구 촌닭!'이라며 알은체할 것 같다.

무슨 찔이니?

"AB형."

나는 그렇게 답했다. 그 애는 O형이란다. 고등학교 3학년 때 수능이 끝나고, 우리 여고에서 공부 잘하고 예쁜 세 명, 그리고 인근 남고에서 공부 잘하고 잘생긴 세 명이 단체 미팅을 하게 되었다. 학교에는 미팅한다는 소문이 무성했다. 선이는 미팅 전날 나에게 한 명이 일이 있어 못 간다고 하며, 같이 가자고 하였다. 엄친아들을 구경하고 싶어 가겠다고 하였다. 이리저리 멋을 부리고 이모가 쓰는 향수도 뿌렸다. 내가 그곳에 끼여 샌드위치가 되지 않을지 걱정도 되었지만 참석하게 되었다. 인생은 그렇다. 대부분 걱정하는 대로 맞아 떨어진다. 그 걱정은 내가 나를 알기 때문에 그렇게 만들어지는 것 같다.

여섯 명이 빵집에서 만나 소지품을 꺼내어 파트너를 정했다. 내 파트너로 정해진 그 애가 그중 제일 반듯하게 생겼다. 그 애는 우리나라 최고의 대학, 그중에서도 최고 학부에 입학한다고 했다. 다른 애들도 마찬가지였다. 나는 지방대학교에 평범한 학과에 합격했다. 지금도 그렇지만 고등학교는 입학한 대학으로 계급이 매겨졌다. 여러모로 나는 열등 병사였다. 친구 선이는 단아하고 예뻤다. 동성이지만 나는 그녀에게서 들꽃 향기를 느꼈다. 그 애가 선이를 마음에 두는 것을 느꼈다. 파트너가 정해졌으나 같이 영화를 보며 놀자고 적극적으로 그 애가 제안했다. 나는 그 말에서 꿍꿍이셈이 느껴져 기분이 좋지 않았다.

자존심이 약한 사람에게 질투심 바이러스가 침투하기 쉬운 것 같다. 내가 보아도 선이는 돋보였다. 그 애의 그런 마음은 객관화시키면 인지상정으로 용인되는데 나의 주관이 개입하기에 받아들여지지 않았다. 괜히 왔다는 생각이 들었다. 우려가 현실이 되었다. 사람이 시험에 든다는 것이 이를 두고 하는 말인가. 어쩜 나는 예견된 답을 두고 시험을 치러 온 것 같았다. 세 시간 정도 나는 질투와 왕따로 내 마음과 다투고 있었다.

무심하게 앉아 있는데 그 애가 갑자기 혈액형에 대해 이러쿵저러쿵 말하였다. 그러더니 갑자기 나에게 무슨 형이냐고 물었다. 나는 AB형이라고 대답했다. 그 애는 O형이라고 말했다. 그 애는 지식을 자랑하는 스타일이었다. 자신이 과학 전문 잡지를 보니 AB형과 O형이 만나 결혼하면 아이가 태어날 확률이 낮다고 하였다. 이유는 유전자 조합이 어쩌고저쩌고 나름대로 논리 있게 말했으나 내 귀는 듣기를 거부했다. 그 말이 '너와 나는 달라.' 그런 마음을 대변하는 것으로 들렸다. 굳이 안 해도 되는 말을 하고 있는 그 애의 저의가 느껴졌기 때문이다. 나도 나름 생물을 좋아해 맨델의 유전법칙 정도는 알고 있었으나 그 애의 논리는 생소했다. 그래서 어쩌라고. 지금 같아서는 맞받아쳤을 것인데 나는 친구들 사이에서 샌드위치가 되어 눌려 있었다.

그 애는 AB형을 열성으로, O형을 우성으로 생각하는 듯했다. 이후 모든 행동과 말이 나를 비꼬는 것 같았다. 영화를 보던 중, 도저히 견디지 못해 나는 말도 안 하고 나와 버렸다. 그것이 내가 당한 것에 대한 복수였다. 이후 어떤 일이 있었는지 기억나지 않지만 선이는 나중에 왜 먼저 갔는지 물었고, 나는 그곳이 나와 맞지 않아 먼저 나왔다고 말했다. 선이도 너무 잘난 척해서 분위기가 무겁고 부담스러웠다고 하였다.

그날 이후 누가 나에게 혈액형을 물으면 대답하는 것을 꺼렸다. 한때 직장 신분증에 혈액형이 적시되어 있어 이유를 따져 물었다. 위험한 업무라서 응급 상황이 생길 수 있어 신분증에 명시한다고 했다. 내 혈액형이 노출되는 것을 극도로 싫어했다. 이상하게 최고 학부에 들어간 그 애 말에 조종당하는 기분이었다. 그동안 나와 친한 사람 중 O형을 관찰하니 쾌활하고 사교적이지만 절대 손해를 보지 않았다. 자본주의에 최적화된 형이었다. 그러면서도 사람들에게 신뢰받는다. 참 부러운 형이다. 그에 비해 AB형은 남에게 많이 베풀면서도, 생색을 내지 못한다. 이유는 베풀고 양보하지만, 감정 컨트롤이 안 되어 한 번씩 소리쳐 신뢰가 무너지는 경우가 많기 때문이다. 항상 마음에서 두 개가 싸우고 있다. 그것이 결정장애로 이어진다. 그래서 나는 AB형을 비합리적, 자본주의에 맞지 않는 형이라고 생각한다. 상대가 O형이라면 나와 안 맞는 사람이라고 선을 그었다. 나에게 AB형은 열성, O형은 우성이었다.

그런데 반전이 있었다. 얼마 전 무심코 ABO식 혈액형을 검색해 보니 세상에 A, B형이 우성이고, O형은 열성이라고 되어 있다. O형은 항원이 존재하지 않아서 그렇다는 것이다. 그렇다면 AB형은 A형, B형 두 개의 항원을 가지고 있어 우성 투 뿔(++)이 되는 것이다. 진화론에 근거하여 우생학적으로 보면 우성들이 이어져 발전하지 않는가. 내가 그때 이런 원리를 알았다면 당당하게 말했을 것인데 40년 지난 지금 와서 알게 되었으니, 오호통재라.

딸이 몇 년 전 "어머니, 이거 정말 잘 맞아. 한번 해봐요."라고 하면서 **MBTI** 유형 검사 애플리케이션을 보여주었다. 그래서 따라 해보니 어떤 유형이 나왔고 해당 유형에 대한 분석을 읽어보니 나란 존재를 MRI로 찍은 것 같았다. 그런데 나는 기분이 나쁘지 않았다. 옳고 그름을 나열한 것이 아니라 유형의 고유성을 설명하면서 장단점을 말해준다. 자신을 알고, 이해하면서 자존감을 지키며 살라는 것 같다. 그러나 그동안 혈액형 때문에 시험을 당하여, 어떤 유형에 나를 붙잡아 두는 것 자체가 싫어 내가 어떤 형인지 기억하기를 꺼렸다. 나이가 드니 내가 기억하기 싫은 것은 기억하지 않게 된다. 기억도 미꾸라지처럼 미끄러져 가기도 한다.

짝짓기 프로그램이 대세다. 일반인이 5일 동안 같이 합숙하면서 자신의 매력을 어필하는 과정이 어색하면서도 끌림이 있다. 청춘의 일상을 엿보면서 간접 체험한다고 할까. 결혼까지 이어지는 경우는 드물지만, 자신을 드러내 보고 시험해 보는 것도 나름 괜찮아 보였다. 자신을 소개할 때 직업, 학력, 재산, 취미, 운동 등 이야기하면서 **빼놓지 않는 것이 MBTI**다. 당당하게 자신의 유형을 말하고 소신껏 맞추어 자신을 소개한다. 유형은 서로를 판단하고, 호감을 이야기하는 합리적 수단이 된 것이다.

나의 청춘 시절은 혈액형 유형의 시대를 살았다는 생각이 든다. B형은 잘 삐지고, A형은 소심하고, AB형은 종잡을 수 없고, O형은 이기적이다. 그런 식으로 혈액형은 긍정보다 부정의 아이콘으로 이용되었다. 곳곳에 자존감 상실의 덫이 놓인 시대였고 나를 드러내지 않고 참는 것이 미덕인 시대였다. 그에 반해 지금은 MBTI 유형의 시대이다. 구분된 유형은 다소 평등하고 미래지향적이다. 어떻게 피를 가지고 섣불리 남을 판단했을까. 그 독설은 오랫동안 가슴에 묵혀두어 옹이로 박혀 있었다. 유형의 변화를 보니 세상은 진화하는 것이 맞는 것 같다. 자신을 분석하면서 자기애를 표현하는 도구가 되었다. 지금은 자존감을 살릴 수 있는 사회적 분위기가 조성되어 있다.

갑자기 나의 유형이 궁금해졌다. 다시 MBTI 검사를 하였다. 그 결과 'ENFP'라고 나온다. E는 외향성(I는 내향성), N은 직관형(S는 감각형), F는 감정형(T는 사고형), P는 인식형(J는 판단형)이다. 쉽게 정리하면 나는 사람들 속에서 위로받고, 단순하고, 이성보다 감성에 충실하고, 느끼는 대로 바로 행동하는 형이다. 결국 꼼꼼하지 못하고 논리적이지 못하면서도 사람 사이에 있는 것을 좋아한다는 것이다. 타자에 의해 내가 판단되는 것에 예민하다. 내가 몰랐던 내가 느껴지면서, 나의 무의식적 돌출 행동이 인정값이 정해진다. 이런 유형이라서 내가 논리적이고, 감각적이고, 판단하고, 사고하는 사람들을 부러워했다는 생각이 든다. 아마 그 애는 'ISTJ'일 것 같다.

'저는 F에요.' 나는 이제 당당하게 나를 말한다. 나는 남 앞에 나서는 것을 좋아하고, 감성적이며 칭찬받는 것 좋아해요. 당신은요? 우리나라 최고의 대학, 최고의 학부에 입학한 그 애의 그 유치찬란하게 부정의 아이콘으로 이용한 혈액형보다 40년 뒤 나의 'MBTI'형이 더 인간적이지 않은가. 그 애가 나에게 던진 응답을 이제야 할 수 있겠다. 나의 MBTI는 긍정의 아이콘으로 진화되었다.

"너는 T가 맞지? 너는 행복하냐, 혹 아내가 AB형 아니니, 아이는 세 명 정도?'

'왜 그렇게 말하냐고, 그거 아니, AB가 우성 투뿔이니까.'

나는 40년 지나 모놀로그(monologue)를 한다. 그 애가 어떤 답을 할는지 참으로 궁금하다.

맨발 路, 자유 路

　　　　　　독서 모임의 회원들이 각자 쓴 수필을 발표하고, 서로 합평한다. A가 올봄에 〈K 팀장 감사합니다〉라는 글을 들고 왔다.

　　A는 새로 옮긴 직장 주변에 낮은 산이 있어, 점심시간 식사를 마치고 산을 한 바퀴 돌다가 우연히 같은 과에 근무하는 K 팀장을 만났다. 맨발로 걷고 있었다. 이른 봄이라 땅이 녹지도 않았는데 말이다. 괜찮으시냐고 물으니 '한번 해보라, 두려움을 버려보라, 새로운 경험을 할 것이다. 발이 알아서 길을 찾아간다.'고 하였다. 그렇게 몇 번 산에서도 만나고, 같은 동네에 거주해서 집 주변 산책로에서도 또 만났다. 우연이 인연이 되고 필연이 되듯이 말이다. 만날 때마다 적극적으로 맨발 걷기를 추천받았다. 볕이 좋은 어느 날, 슬며시 신발을 벗어 양손에 하나씩 잡고 그가 알려준 길을 걸었다.

그렇게 맨발 걷기를 하게 되었고 새로운 세계를 경험했다고 한다. 은혜를 베푼 그가 감사하고, 그런 것을 듣고 따른 자신의 용기도 칭찬받을 만하다고 한다. 그때는 A의 글이 그렇게 와닿지 않았다.

달이 동그랗게 뜬 여름날 밤이었다. 운동장을 돌다가 밝은 달빛에 이끌려 그의 말이 생각나서 운동화를 벗었다. 모래와 작은 돌이 뒤섞여 있었다. 맨발을 내밀 때 혹 여기 못이나, 유리, 날카로운 물체가 있어 내 발바닥에 박히면 어쩌지 하면서 아주 조심스럽게 내디뎠다. '아니다. 저렇게 많은 사람이 맨발로 걷는데 내가 무슨 대수인가, 괜찮겠지.' 같이 운동장을 도는 사람들을 아군으로 생각하면서 두려움부터 잡았다. 보폭이 느린 사람의 뒤를 따라 걸으며, 그 사람을 페이스메이커로 삼았다. 모든 신경이 발바닥으로 갔다. 발바닥에 집중하며, 20분 정도 아이가 걸음마를 떼는 것처럼 뒤뚱거리며 운동장을 돌았다. 발바닥에서 불이 났다.

며칠이 지났다. 낮부터 내린 비가 그쳐, 저녁 아홉 시경 맨발 걷기를 하러 나왔다. 잎이 무성한 느티나무 사이로 매미들이 합창을 하여 청량감을 더했다. 비가 와서 찰흙같이 된 운동장 바닥에 발이 닿았다. 대지의 질감이 너무 좋았다. 처음 운전대를 잡고 두려움과 싸우다가 운전 감각을 얻어 신바람이 난 사람처럼 말이다. 습기가 흙과 발의 유연제가 된

듯했다. 맨발의 무희가 된 듯 가볍게 걸었다. 하루, 이틀 그렇게 걷다 보니 평소 걷는 걸음걸이 속도까지 가닿았다. 두 달 정도 지나니 발바닥에 굳은살이 생겼다. 이제는 조금 뾰족한 물체가 와도 놀라지 않고 내 발바닥이 그 물체가 닿은 부위를 반사적으로 닿지 않게 자동으로 구부리며 발을 옮겼다.

맨발로 걸으니 몸이 가볍다. 신발이 거추장스러운 물건이라는 것을 알게 되었다. 자연스럽게 걸음걸이가 반듯해진다. 그리고 발바닥에 집중하다 보니, 발과 끝없이 대화를 나눈다. 발이 지압을 받은 것처럼 잠시 통증이 있으나 시원하다. 운동이 끝나고 수돗가에서 발을 어루만지며 씻으니 운동 도구가 된 내 발이 소중하다는 것을 깨닫게 된다. 내 발은 신발이라는 보호자를 두고 살았다. 맨발 걷기를 통해 발이 비로소 독립한 것 같다. 신을 신고 일상을 보내고 맨발 걷기를 하며 삶의 각질을 벗기면 피로가 풀린다. 자연스럽게 외형적 각질도 사라졌다. 대신 발바닥에 굳은살이 생겨 두터워지고 있다.

맨발 걷기를 하고 있으면 '自由路'에 들어선 것 같다. 맨발 걷기는 소리가 나지 않아 생각에 더 집중하게 된다. 오늘은 태풍을 머금은 비가 세차게 내려서 운동하러 나가지 않았다. 그런데, 문득 저 비를 머금은 땅이 얼마나 보드랍겠냐는 유혹이 있어, 벌떡 일어나 나와 보니 빗속에서도 맨발로 족이 보였다. '잘 왔소, 좋지요.' 땅의 질감을 느끼며 즐기는 그들의 마음 소리를 복화술로 듣는 것 같다. 문득 그가 떠올랐다. A가 참 고맙다. 더하여 그에게 맨발로 초대장을 보내준, K 팀장도 감사하다. 운동을 마치고 수돗가에서 쌀을 씻듯이 흐르는 물에 발을 문지르며 묻은 흙을 씻어 내렸다. 이렇게 매일 발바닥을 만지니 발이 반질반질한다. 'K 팀장님, 감사합니다.' 나도 그와 한마음이 되어 '그에게 감사하다'는 말을 하고 있었다. 문득 그렇게 말이다. 그에게 받았던 초대장을 나는 또 다른 사람에게 진심으로 보낸다. '맨발로 초대장'을 말이다. 그에게 말하리라. 당신의 글은 진심이었다고.

좀비 탐구

좀비가 나타났다. 영화 〈부산행〉에서 철도역을 들쑤시더니, 〈넷플릭스〉에서는 학교를 들쑤신다. 사람이 죽었는데 움직인다. 귀신의 또 다른 이름이다. 한때는 통통 튀는 중국 '강시'가 판을 쳤는데 요즘은 '좀비'가 대세다. 좀비는 '좀 비켜'라며, 좀비 세상을 꿈꾸는 것 같다. 좀비(Zombie)는 살아 있는 시체라는 의미로 아프리카에서 유래한 부두교 의식에서 파생되었다. 아메리카 서인도 제국에 노예로 끌려온 아프리카 사람들이 노예 생활을 버티기 위해 그들이 기댈 수 있는 유일한 방안으로 종교를 선택해야만 했다. 저항할 힘이 없어 시키는 대로 일만 하여 불린 이름이다. 결국 좀비는 살아 있어도 죽은 사람처럼 힘없이 살아가는 사람에서 유래하였다고 봄직하다.

얼마 전 어느 대담 프로에서 젊은 배우들에게 어떤 연기를 하고 싶으냐고 물으니, 대부분 좀비 연기를 하고 싶다고 했다. 왜냐하면, 예쁘고 날씬하지 않아도 되고, 최대한 얼굴 찌푸리고 몸을 삐뚤어지게 연기하면 되기 때문이라고 했다. 좀비는 사람의 소리를 듣고 사람의 살을 물어뜯는다. 그리고 물린 사람은 감염이 되어 좀비가 된다. 추나요법을 하는 것처럼 우두둑 뼈가 맞추어지는 소리를 내면서, 덩달아 각기춤을 춘다. 그리고 온몸이 뒤틀린다. 몸은 물린 자국을 그대로 보존한 채, 사람을 찾아 돌아다닌다. 살아 있는 사람이 내는 소리를 찾아다니며, 살아 있는 사람만 문다.

2022년 1월 말 전 세계를 열광시킨 넷플릭스 12부작 드라마 〈지금 학교에서는〉에 좀비가 나온다. 또 좀비냐며 식상해하며 보다가 몰입하여 드라마를 섭렵해버렸다. 고등학교 과학 교사가 학교폭력에 시달리는 아들이 곧바로 대응할 수 있도록 몰래 실험실에서 좀비 바이러스를 만들었다. 부모의 절박한 마음에서 시작된 연구는 세상에 좀비 바이러스를 퍼뜨리게 된다. 학생들이 뭉쳐 탈출을 도모하는 사이 바깥에선 부모들이 자식을 찾아온다.

좀비가 학교를 점령하고 있어, 학교에서 탈출해야 하는 절체절명의 상황이다. 학교에 갇힌 아이들은 지금까지 분열되었던 마음이 공동의 적 앞에 하나가 된다. 학생들이 하나,

둘 좀비가 되어 간다. 살아남는다는 목적 외 무엇이 있으리오. 아들을 찾으러 온 엄마가 좀비에게 물려 아들이 지켜보는 앞에서 좀비가 된다. 아들을 물려고 하자 아들이 무춤 물러선다. 아수라장이며 충격의 도가니다. 시청자인 나는 몰입하여, 문득 저 상황이라면 엄마와 같이 좀비가 되는 것이 낫지 않을까 하는 생각이 들었다. 남겨진 자의 고독이 느껴진다. 문득 코로나 감염병에 걸린 혼자 사는 노모를 대면하지 못하고 음식을 문밖에 두고 나서는 자식의 그 애달픈 모습이 떠오른다.

　드라마 속 좀비는 전염과 변이를 반복하는 바이러스다. 인간의 반사회적 현상으로 인간을 고립시킬 때 좀비는 탄생한다. 좀비에게 물리면 좀비가 되는데 극소수 학생은 좀비에 물려도 다시 원상 복구된다. 나는 이를 "핵인(核人)"이라고 지칭하고 싶다. 핵과 같은 거대한 힘이 있기 때문이다. 좀비 바이러스에 대항해서 이긴 슈퍼항체가 핵인이다. 찌질이었던 학생이 핵인이 되어, 굉장한 아이템을 얻은 무사처럼 어깨에 힘을 주며 돌아다닌다. 극소수가 좀비에 물려 핵인이 된다. 벼랑에 내몰린 사람을 구하는 정의의 핵인이 있고, 찌질이었던 그 아이처럼 그 힘을 믿고 사람을 지배하려는 불의의 핵인도 있다. 정치로 비유하자면 독재자가 불의의 핵인이 아니겠는가.

결국, 사회 혼란으로 인해 계엄령이 선포되고, 불의의 핵인이 있어 계엄사령관은 어쩔 수 없이 전 국민을 살리기 위해, 좀비 출현 도시와 인근 도시에 발포 명령을 내린다. 바이러스에 노출되지 않은 사람도 도시와 함께 폭발해버렸다. 계엄사령관은 발포 명령을 내린 후 자살한다. 무고한 사람을 죽여서 누군가는 책임을 져야 하기 때문이다. 갑자기 세월호, 이태원 참사 등등 아픈 사건이 떠오른다. '누군가 책임을 져야 한다.'라는 대승적 결단 앞에 잠시 숨이 멎는다. 반성하고, 책임을 지려는 이가 있었는가. 힘없는 사람에게 책임 지우기에 급급하지 않았는가 말이다.

좀비는 외톨이가 변이된 것으로 생각한다. 노력했음에도 불구하고 뒤처질 때 느끼는 상대적 박탈감과 같은 것이리라. 히포크라테스는 '가장 위험한 병은 표정을 바꾸는 병'이라 했다. 분노는 정확한 판단을 못하게 하기 때문이다. 현대인들은 분노를 다스리지 못해 힘든 경우가 많다. 나는 주로 상담 업무를 하는데 짙은 색 선글라스를 쓰고 찾아오는 민원인을 대하는 것이 가장 힘들다. 대화하는 사람의 눈동자를 보아야 감정을 느끼는데, 나의 감정은 다 훔쳐보면서 민원인의 감정은 보여주지 않기 때문이다. 그렇게 하는 이유는 사람이 두렵기 때문이라 생각한다.

좀비의 약점은 보지 못하고 듣기만 한다는 것이다. 만약 좀비가 바라볼 수 있다면 살아 있는 사람을 물지 못할 것이다. 만약 대부분 좀비가 되고 극소수가 살아남는다면 나는 그냥 좀비가 되고 싶다. 그러나 만약 물려도 죽지 않는다면 어떨까! 선과 악, 정의와 불의의 투쟁이 일어나지 않겠는가. 핵인이 아무리 강력한 아이템을 소유하였다 해도 외로울 것이다. 같이 살아가고 부대끼면서 누릴 수 있는 것이 행복이기 때문이다. 굳이 핵인이 되어 물질과 인간을 정복한다는 것이 대체 무슨 의미가 있다는 말인가. 홀로 된다는 것은 죽음보다 무서운 병이 아닌가!

김소연의 《마음 사전》에 "인간은 더불어 살아야 한다. 전쟁을 일으키고 학살을 일삼는 권력이 가장 좋아하는 것이, 개인이 취하는 이성의 목소리를 외톨이로 만드는 일."이라고 하였다. 찌질이는 왕따로 상대적 박탈감을 당하였다. 자신이 핵인이 된 것을 알고는 친구가 눈앞에서 좀비가 되는 것을 목격하면서도 구해주지 않고 오히려 행복해한다. 좀비 대장이라도 된 듯 착각한다. 그를 따돌린 친구가 절대 권력이었다고 느꼈기에 복수하는 것이리라. 이렇듯 왕따가 세상 악의 시발점이라 생각한다. 핵인이 정의를 택하면 영웅이 되어 세상을 구할 수 있는데, 불의를 택하면 괴물이 되어 세상을 지배하게 된다.

핵은 여러 분야에서 인류를 위해 바람직하게 사용되는 쪽으로 이용되어야 하는데, 핵무기는 인류의 멸망을 가져올 수 있는 가장 큰 재앙으로 주목받고 있다. 치킨게임처럼 결국 극한으로 치닫는 상황이 온다면 어떻게 될까. 러시아와 우크라이나가 전쟁하고 있으나 실상은 강국의 대리전이다. 전쟁 당사자가 아닐지라도 담보 무기인 핵을 등에 업고 서 있는 권력자의 무모함이 두렵기는 매한가지다. 그런 무모한 권력자가 불의의 핵인이 아니겠는가. 좀비는 결국 외톨이가 변이 되어 나타난 형상물로서 그것을 벗어나기 위해 사람을 무는 것이 아닐까. '좀 비워 달라고!'

키큰남이 느끼는 온도

　　　　　　엘리베이터를 탔다. 5층 출입문이 열리니 키가 큰 남자(키큰남)와 키가 작은 남자(키작남)가 타고 있었다. 아파트 같은 라인 15층에서 리모델링 공사 중이다. 복장을 보니 도배사인 것 같다. 엘리베이터 내부에 한 달째 보양재를 입혀 놓았다. 나는 사방이 보양재로 덮인 엘리베이터를 타면 병원 MRI 장비에 들어가는 느낌, 관(棺) 속에 있는 느낌이다. 좋게 말하면 우주선에 들어간 기분이라고 할까. 같이 사는 공동체라서 공기(工期)가 길어도, 답답해도 참을 수밖에 없다.

　도배를 한다는 것은 공사의 마무리 단계가 되었다는 것이다. 곧 보양재가 벗겨지겠다 싶어 내심 반가웠다. 나란히 선 두 남자 사이에 눈대중으로 50㎝ 정도 높이의 2단 접이식 사다리가 놓여 있다. 나는 그들 뒤에 섰다. 저렇게 낮은 사다리로 천장까지 도배할 수 있겠느냐는 의문이 들었다. 나는 사다리 뒤에서 엘리베이터 자동문을 마주하고 서 있었다. 키 큰남이 "미안합니다. 미처 그것까지 생각하지 못했습니다." 라고 말하자, 키작남이 "나는 키가 작아 키가 큰 사람이 느끼는 온도를 모릅니다. 그렇지만 이건 너무하지 않습니까?" 키큰남이 정중하게 사과하는데, 키작남이 너무 진지하게 대답한다. 나는 "키 큰 사람의 온도"란 말을 듣고 속으로 웃었다.

온도까지 나오는 사정이 무엇일까 궁금하였지만, 물을 수 없었다. 나의 가늠자로 상황의 퍼즐을 맞추어 보았다. 두 사람은 같이 일한 것은 오래되지 않아 보인다. 서로 존대어를 쓰고, 불편해하는 모습이 느껴졌기 때문이다. 키큰남은 키가 190cm가 넘어 보였고, 키작남은 165cm도 못 미쳤다. 내가 예전에 집을 사서 도배를 맡긴 적이 있었다. 그때 도배사가 키가 190cm가 넘었다. 그 사람은 천장이나 벽의 상부를 도배할 때 쉽게 하였다. 도배가 너무 깔끔하게 되어 기분이 좋았고, 사는 동안 문제가 없었다. 도배사가 키가 크면 수월하다는 것을 실감하였다.

20년 정도 시간이 흘렀다. 새로 산 아파트 도배를 할 사람을 물색하던 중, 갑자기 그때 그 도배사가 생각이 났다. 기억나는 것은 가게 이름에 '키다리'가 들어가고, 나의 어릴 적

살았던 대명동에 가게가 있었다는 것이다. 인터넷 검색하여, 전화해 보니 그때 그 도배사가 맞았다. 내가 참 신통방통하다고 생각되었다. 견적을 비교해 보니 20만 원 정도 비쌌다. 병원 의사에게 특진료를 내는 기분으로 도배를 맡겼다. 도배한 지 7년이 넘었으나 아직도 아파트 벽이 깨끗하다.

 도배사는 키가 큰 것이 장점이다. 그것에 근거하여 퍼즐을 맞추어 본다. 두 사람이 같이 도배하는데 키큰남이 자신의 잣대로 낮은 사다리를 가지고 왔고, 이에 따라 키작남이 고생했다. 도배하면서 손발이 맞지 않았던 것 같다. 내가 유독 높이가 낮은 사다리에 눈이 간 것을 보면 말이다. 키작남이 자존심이 상해 말도 못하고 애를 먹었다. 그러다가 일이 끝나고 엘리베이터를 타고 내려가면서 한마디 하였고 내가 그 말을 들은 것이다.

 86학번인 나는 학창 시절 남자의 키가 175㎝ 정도면 멋있다고 생각했다. 그러나 요즘은 기준이 185㎝ 정도로 높아졌다. 190㎝ 넘는 경우도 더러 있다. 예전에는 190㎝가 넘으면 일상생활이 불편했다. 대중교통이 주요 이동 수단이었다. 천장이 낮아 어깨, 허리, 다리를 구부려야 했다. 대화할 때도 사람들이 고개를 쳐들어야 눈을 마주할 수 있었다. 세상 사람의 키를 맞추다 보니 자연스럽게 몸이 굽게 된 것이다. 요즘은 190㎝ 정도 되어야 모델로 주목받고, 운동선수에게도 플러스 요인이 된다. 자가용 보급이 늘어나면서 대중교통을 이용하는 횟수도 줄어들고, 대중교통도 고급화되어 크게 불편한 것도 없다. 일단 키가 크면 점수를 따고 든다. 사람을 평가할 때 키가 기준이 되는 경우가 잦다. 키도 크다, 키만 크다, 키만 작다, 키도 작다. 이렇게 말이다. 외모 평가의 잣대 1순위라 생각한다.

　키가 큰 사람의 온도는 어떨까. 160㎝가 안 되는 나보다 목과 머리가 하나 더 있는 그들은 어떤 온도를 느낄까 생각해 보았다. 더 높은 곳의 공기를 마시고, 세상을 보는 시야도 더 넓을 것이다. 아파트에 사는 사람들이 전망 때문에 고층을 선호하는 것처럼 말이다. 물론 단점도 있다. 비도 먼저 맞고, 급하게 움직일 때 컴퍼스가 길어 작은 사람보다 재바르게 움직이지 못한다. 큰 키를 움직이면서 무게 중심을 잡다 보니 발목이 자주 접질려진다. 키큰남도 할 말이 있을 것인데 묵묵히 참고 들어주었다. 키작남이 그렇게 분노를 풀도록 말이다. 나는 그렇게 느꼈다.
　나도 키가 작다. 작은 키를 늘릴 수는 없다. 키가 작은 나는 '키가 작다'가 아니라 '키만 작다'가 되려고 노력한다. 조사 하나의 차이가 은닉된 자존감을 들었다 놓았다 한다. 그 일이 있고 나서 몇 개월이 지났다. 산악회에서 여수 낭도에

산행하러 갔다. 산과 호수가 절경이었다. 회원 십여 명이 멋진 풍경 앞에 사진을 찍기 위해 횡대로 섰다. 내가 앞에서 멋진 풍경을 배경으로 삼고 카메라를 눌렀다. 그리고 내가 들어가고 190㎝ 언저리에 있는 남자 회원이 카메라를 눌렀다. 내가 찍은 사진과 비교해 보고 놀랐다. 내가 찍은 사진은 사람들의 모습에 가려 배경 풍경이 제대로 나오지 않았다. 특히, 내가 잡은 카메라 렌즈는 190㎝ 회원의 벽을 뚫지 못했다. 그러나 그가 찍은 사진은 산봉우리가 보이고 멋진 호수가 빛을 받아 은빛으로 빛나고 있었다. 이것이 키큰남이 느끼는 온도인가 보다. 그때 그 생각이 들었다. 키작남이 한 말에 격하게 공감이 갔다.

 남자 동기가 있었다. 키가 160㎝도 채 안 되었다. 그는 키만 작은 친구였다. 집안도 좋고, 성격도 좋고, 공부도 잘하고 운동도 잘했다. 나를 참 좋아했었는데, 키만 보여 연인으로 발전하지 못했다. 그 친구의 마음을 받아주지 못했다. 사람인지라 마음의 갈등이 일어났다. 고민하다가 친구에게 물었다. "남동생은 키가 어떻니?" 내 마음은 키가 유전인가 알고 싶어 어렵게 물어본 것이다. 그 애는 "키가 크다. 나보다." 빠르고 간단하게 대답했다. 그때 나는 알았다. 그 애는 키에 대한 집착을 버리고 자신의 기준으로 세상을 본다는 것을. 그리고 내가 돌려 말했어도 묻는 이유를 알았으리라. 지금 생각하니 내가 참 속물이었다는 생각이 든다.

　사람들은 저마다 가슴에 상처를 품고 산다. 사춘기 때는 외모 콤플렉스가 심했다. 상대적 거울을 의식하기 때문이다. 어릴 때 조숙해서 외모 때문에 고민을 많이 했었다. 그래서 자존감이 낮았다. 그런데 신기하게 쉰 살이 되니 내 모습을 있는 그대로 받아들이게 되었다. 시행착오를 거쳐서 이제야 나의 거울을 가지고 나를 바라보게 되었다. 키가 큰 사람의 온도를 이야기한 사람은 20대 후반으로 보였다. 그는 신체 콤플렉스와 싸우는 중이다. 사람들은 그런 과정을 통해서 강인해진다. 요즘은 얼굴이 잘생기고, 키가 큰 사람보다는 키가 작아도 운동을 많이 하여 가슴이 탄탄하고 힙업(hip hp)된 사람이 더 매력 있게 느껴진다. 콤플렉스를 극복하기 위해 많이 담금질하여 신체의 비밀병기를 만들어야 한다. '키도 작다'가 아니라 '키만 작다'라는 말을 듣기 위해 나도 비밀병기를 부지런히 만들고 있다. 키가 큰 사람도 마찬가지다. 키만 크면 무엇하겠는가 말이다. 자신의 약점을 알고, 이길 수 있는 병기를 만드는 사람이 현자가 아니겠는가.

　나는 사실 만민평등이라는 말을 믿지 않는다. 인간은 불평등하게 태어났다. 우성보다는 열성이 많다. 열성이지만 노력하여 자신의 병기를 만들면 우성이 될 수 있다. 그래서 불평등해도 평등을 찾을 수 있다고 생각한다. 같은 말도 조사 하나에 큰 차이가 나듯이 말이다. 내가 어떻게 살아가느냐에 따라 나에게 붙는 조사가 달라진다. 아름다운 여배우 중에서도 나와 비슷한 키도 더러 있다. 내가 세상을 잘 살면 된다. 어떻게 잘 살 수 있을까. 어떻게 '키만 작다'의 말을 받아낼까. 나는 오늘도 조사 하나를 바꾸기 위해 최선을 다하고 있다. 퇴근 후 한 시간 운동하고 땀을 빼고, 시간이 되면 걷고 스트레칭한다. TV를 보면서 훌라후프를 돌린다. '키만 작다'가 나의 병기가 되기를 바라면서.

꼬불 면과 직모 면

기타 동호회 정기 모임이다. 60대 전후로 뒤늦게 노래가 좋아서 모인 사람들이다. 매월 첫째 주 목요일 저녁 7시가 정모이다. 3월 정모일, 퇴근 후 고픈 배를 안고 한기를 느끼며 음악실에 들어섰다. 신록을 닮은 샤인 머스캣, 빨간 딸기, 까만 김밥, 노랑 치킨, 나름 빛깔이 조화로운 상차림이다. 그곳에서 봄을 먼저 느낀다. 조곤조곤 이야기를 나누면서 먹고 있었다. 요리를 잘하는 언니가 봄동김치를 담았다고 하여 궁금해 물었다. 그녀는 TV에 나오는 오늘의 요리사처럼 맛깔나게 설명한다. 상큼한 봄나물이 눈앞에 아른거린다. 손맛이 있는 그녀의 남편을 모두가 부러워한다. 엄마의 제철 밥상이 그려진다면서….

갑(男) : "마누라가 없으면 라면만 먹게 된다. 그래서 마누라는 식사 때 웬만하면 나가지 않아요."

을(男) : "마누라는 라면을 못 먹게 해요."

병(女) : "라면을 끓일 때, 콩나물 넣고 스프를 반 정도 넣어 요리해 내놓아요."

정(女) : "라면에 식초를 넣으면 면이 탄력 있고, 기름기가 줄어요."

갑(男) : "그건 라면이 아니지, 라면은 라면다워야지요."

을(男) : "마누라 없으면 혼자 라면을 끓여먹어요."

여자 회원들은 집밥 대신 라면으로 끼니를 때우지 않으려고 노력한다. 혹, 라면을 식사대용으로 할 때, 건강을 생각해 좋은 것을 넣거나, 스프를 조금 뺀다는 것이다. 대신 남자들은 편리한 라면을 있는 그대로 먹으려고 한다. 혼자 있을 때 유혹을 이기지 못한다고 하면서. 갑자기 갑(男)이 질문을 한다. "라면을 찬물에 넣어 끓이는 것과 뜨거운 물에 넣어 끓이는 것이 차이가 있을까요?" 질문을 하자마자 음악실은 '라면을 말하다' 토론장이 되어버렸다. 찬물에 끓이면 꼬들꼬들한 맛이 없다, 국물은 안 먹는다, 라면은 국물이지, 푹 퍼진 것이 좋다, 대화의 물꼬가 틔었다.

이른 봄, 아직 냉기가 있는 음악실에 봇물 터지듯 토론이 이어진다. 라면 이야기꽃이 피어 한기가 사라져버렸다. 이쯤 되면 말에 온도가 있는 것이 된다. 질문을 한 甲이 정리한다. "꼬들꼬들한 것을 좋아하는 사람은 끓는 물에 라면을 넣어서 요리하고, 퍼진 것을 좋아하는 사람은 찬물로 요리하면 됩니다." 난상토론에 마침표를 찍었다. 이 정도면 밥이 정맥이라고 한다면 라면은 동맥쯤 되지 아니할까 생각한다. 가히 국민 음식이라 말할 수밖에 없지 않은가 말이다.

5년 전 태어나 처음으로 해외여행을 갔다. "별빛이 반짝이는 홍콩의 밤거리" 흥얼거리면서 홍콩 거리를 돌아다녔다. 모든 음식에 화장품이 든 것 같아 먹지 못했다. 해외여행이 처음이라 타국의 낯선 향신료가 적응되지 않았다. 해외여행 초딩이라 그랬나 보다. 가는 곳마다 녹차가 있어 마시다 보니 화장실을 자주 다녔다. 그래서 더 허기졌다. 심지어 맥주에도 그 냄새가 났다. 배가 고파 시골 점방처럼 생긴 곳에서 컵라면을 샀다. 한국 상표가 그 나라의 언어로 표기되었다. 그 나라의 취향에 맞추어 특유의 향신료 냄새가 미세하게 느껴졌으나 그나마 먹을 수는 있었다. 그렇게 허기를 채웠다.

집에 와서 제일 먼저 한 것이 라면을 끓인 것이다. 아무것도 넣지 않은 전통 라면을 요리했다. 무엇을 넣는 것은 라면에 대한 배신이란 생각까지 들었으니, 얼마나 힘이 들었단 말인가. 결국 며칠 뒤 대상포진까지 왔으니 말이다. 이상한 향신료 때문에 답답했는데 속이 풀렸다. 특유의 향료 냄새가 사라졌다. 이제는 살 것 같았다. 트로트는 역시 정통이고, 라면도 마찬가지로 일세대 정통 라면이지, "○○라면 끓여요." 추억 속으로 사라져가는 광고 카피를 꺼내어 따라 해본다.

어릴 때 엄마는 라면을 끓일 때 라면보다 더 많은 양의 국수를 넣었다. 내가 배급받은 그릇에는 꼬불 면이 아니라 직모 면이 가득했다. 국물이 국수가 아님을 대변해 주었다. 완전체 꼬불 면을 먹는 날은 특별한 날이었다. 그래서인지 지금도 국수보다는 라면이고, 국수와 라면을 섞은 것을 정말로 싫어한다. 사리는 무조건 라면이다. 특히 복어탕 마지막에 넣어 먹는 라면을 좋아한다. 음식에 대한 편견은 이렇게 만들어지나 보다.

26년 전 아이를 낳고 2인 병실에서 다른 산모와 같이 누워 있었다. 옆의 산모는 친정 엄마가 간병하였다. 그녀는 컵라면을 먹으면서 "딸아, 너희 아버지 때문에 이거 한번 못 먹어봤다. 정말 맛있다."라고 감탄사를 연발한다. 삼시세끼 남편을 위해 밥상을 차려주면서, 힘들고 귀찮을 때 편리한 라면으로 한 끼를 때우지 못한 한이 녹아 있었다. 대다수 우리의 어머니 이야기가 아니겠는가. 그때는 '밥은 먹었니?'가 인사였으니깐. 쌀이 귀한 시대였으니, 가장(家長)에게 밥 대신 라면은 있을 수 없는 하극상과도 같은….

라면이 홀대받게 된 역사를 따라가 본다. 1989년 11월 3일 공업용 우지(쇠기름) 파동이 있었다. 동물성 유지를 사용한 식품 회사들은 이 사건으로 큰 타격을 받았다. 이후 라면을 튀기는 기름이 식물성 기름으로 대체되었으나 라면은 많이 먹으면 안 된다는 공식이 은연중에 박히게 되었다. 그래서 오늘의 모임에서 탁상공론이 벌어졌다. 식품 회사에서 각고의 노력을 하여 다양한 품종의 라면이 선보여 실추된 라면의 품격이 드높아졌다. 한국을 알리는 대표 품목, 수출 효자 품목이 되었다.

모처럼 집에 혼자 있다. 밥솥에 밥이 있고, 냄비에 국이 있건만, 혼자 밥을 차려 먹는 것이 구차하게 느껴진다. 나도 모르게 라면을 끓인다. 그릇 대신 냄비 뚜껑에 건져 먹는다. 자동으로 TV가 벗이 된다. "혼자 있을 때 라면이 딱이야." 광고 카피를 만들어 본다. 이래서 남자 회원은 그런 말을 했나 보다. 혼자일 때 이렇게 라면의 유혹에 빠지게 되니 말이다. 오늘은 달걀 한 개를 살며시 깨어 넣었다. 뽀글뽀글 그 소리에 군침이 돈다. 냉장고를 여니 치즈 한 조각이 보인다. 노른자 위에 치즈를 넣는다. 이렇게 하여 '치즈라면'이 탄생되었나 보다. 냄비 뚜껑에 라면을 덜고, 먹방을 하는 연예인처럼 면치기 하며 먹는다. "이 맛이야."

곁눈질로 느끼다

　　　　　직장과 가정을 다람쥐가 쳇바퀴 돌듯이 살아간다. 나 자신과 오롯이 만나는 시간은 출퇴근 시간에 약 30분 정도 이용하는 전철 안이다. 나는 그곳에서 만나는 사람들의 모습을 무심한 척 곁눈질한다. 내가 쳐다보는 낌새를 느끼지 못하도록 하기 위한 모종의 방어기제다. 사람들은 무언의 약속처럼 서로 곁눈질하고 느끼며 살아간다. 이어폰을 꽂은 사람도, 휴대전화기를 쳐다보는 사람도 모두 같은 마음이다. 내가 주로 서 있는 곳은 경로석 쪽이고, 열리지 않는 쪽 문에 기대어 책이나 휴대전화기를 본다. 왠지 나는 그곳이 편하다. 사람 냄새가 더 나기 때문이다. 그날도 책을 펴고 있었다. 서 있는 사람들이 드문드문 있었다.

　경로석은 마주하여 나란히 놓여 있다. 3인용 좌석 중간에 70대 중반가량의 할아버지가 앉으셨고, 좌우에 할머니가 앉아 계셨다. 맞은편 경로석 좌석은 비어 있었다. 할아버지는 왼쪽에 앉아 있는 할머니에게 이런저런 말을 건넨다. 연세가 있지만, 약간 치근대는 스타일의 전형적인 남자의 모습이다. 젊은 사람들이 서 있는 것을 의식하면서, 갑자기 옆에 있는 할머니를 쳐다보며 목소리를 높였다. "할머니, 젊은 사람들이 경로석이 비어 있는데도 앉지 않는 이유를 아는가요?" 할머니는 할아버지를 물끄러미 바라보았다. 갑자기 할아버지는 할머니에게 큰소리로 악센트까지 넣으며 말씀하셨다. "왜냐하면, 이곳에 냄새가 나기 때문이야. 젊은 사람들 노인 앉으라고 비워 놓은 거 아니야, 냄새가 나서 앉지 않는 거라니까. 노인 냄새 때문에, 그거 알지요." 서 있는 사람들의 눈과 귀가 일순간 할아버지에게로 몰렸다. 대부분 무심한 듯 흘겨보면서 못마땅함을 참고 있었다.

할아버지는 옆에 있는 할머니에게 계속 묻고 스스로 답했다. 왼쪽 할머니는 슬그머니 일어나 어디론가 가버리고, 오른쪽 할머니는 주위 사람들 눈치를 보면서 맞은편 경로석으로 자리를 옮겼다. 무엇이 그렇게 불만일까. 경로석에 빈자리가 있지만 어르신들 편하게 이용하도록 그 자리를 비워둔다. 그 자리는 어르신을 공경하는 마음이 묻은 상징적 자리이며, 젊은 사람들의 선물이다. 그 마음을 그렇게 오도(誤導)할 수 있을까. '어떤 어르신은 일부러 출퇴근 시간을 피해서 지하철을 이용한다고도 하는데….'라는 생각들을 하면서 지하철을 타고 있었던 어느 날의 기억이 떠오른다.

그날 반월당역에서 전철을 타고, 휴대전화기를 만지작거리며 앉아 있었다. 얼굴이 환하고 들깻가루 빛 머리를 한 할아버지가 내 맞은편 자리에 서 계셨다. 젊은 친구가 자리를 양보하자 할아버지는 손사래를 쳤으나, 결국 고맙다고 하며 그 자리에 앉으셨고, 젊은 사람은 맞은편에 섰다. 미안하고 어색한 듯 앉으셨다. 눈을 둘 곳 없어 눈빛이 흔들렸다. 아이부터 어른까지, 전부 휴대전화기를 뚫어지게 보고 있다. 할아버지는 나지막이 마주한 젊은 사람에게 들릴 정도의 목소리로 속물음처럼 말씀하셨다. "참으로 부럽소, 휴대전화기를 만지며 전철을 탈 수 있다는 것이, 나는 그것도 배우지 못하여 이렇게 어색하게 앉아 있다오." 그 고백이 얼마나 정겹고, 감동적이었는지 모른다. 진정 젊음을 부러워하며, 아름답게 바라보셨다. 그 눈빛에서 사람에 관한 관심을 느꼈고, 자연스럽게 묻어나는 나이의 멋스러움이 느껴졌다. 그 말이 아름다운 시처럼 들렸다.

마르쿠스 아우렐리우스의 《명상록》에 "얼굴에 분노를 나타내는 것은 자연에 몹시 어긋나는 일이며, 자주 얼굴을 찡

그러면 아름다움은 사라지고, 결국은 완전히 없어져서 다시는 아름다워질 수 없다. 이런 사실에서 얼굴을 찡그리는 것은 이성에 어긋난다는 결론을 내릴 수 있다. 우리가 자기 잘못을 깨닫지 못한다면, 더 이상 살아야 할 이유가 있을까."라고 묻고 있다. 두 어르신은 비슷한 연령대이지만 표정이 너무 달랐다. 앞의 어르신은 뾰족한 주름이 생겨, 거부감이 느껴졌다. 혹 내가 넘어져 부딪치면 욕받이가 될 것 같았다. 반면 뒤의 어르신은 부드러운 주름이 있었다. 중심을 잡지 못하여 발을 밟아도 '괜찮아.' 하실 것 같다. 전자는 내가 살면서 속고 힘들었다고 하며, 폐쇄적으로 행동하고, 후자는 젊은이들을 긍정적으로 바라보며, 먼저 손 내밀고 믿어주며 겸양적 행동을 한다. 긍정의 마음으로 살아가는 사람의 얼굴은 환한가 보다. 이것이 긍정으로 살아가는 사람들이 받은 대가이다. 같은 일에 대해 흠을 잡으려면 끝도 없지만, 예쁘게 보려고 하여도 마찬가지다.

 서태지와 아이들 등 록 음악이 선풍적인 인기를 얻을 무렵이었다. 버스를 타고 있던 할아버지 한 분이 록밴드의 강렬한 음악이 버스 내 울려 퍼지자, "이게 노래냐, 소음이지."라며 기사에게 소리쳤다. 그 할아버지는 젊은 문화를 거부하셨다. 20대였던 나는 그 모습을 지켜보며, '젊은 문화를 받아들이는 사람은 행복하여라!'라고 성경 문구를 바꾸어 일기에 쓴 적이 있다. 곁눈질로 지켜본 앞의 어르신은 마음의 문을 닫고 계셨다. 그동안 사람들에게 많이 속고, 배신당하셨던 것 같다. '영어(囹圄)'라는 낱말이 있다. 죄인을 가두는 곳, 교도소를 말한다. '어(圄)' 자는 파자(破字)하면 나(吾)를 가두는(口) 것을 말한다. 어르신은 육체는 자유로우나, 정신을 부정의 늪에 빠트리고, 타인에게 독선적 말을 뱉어내신다. 그 마음을 열고 나와, 겸양하게 사람을 대하면 진정한 자유를 찾게 되는데 안타깝다.

  나는 아직 경로석에 앉을 나이는 아니지만, 그 자리는 얼마 뒤 내가 앉을 예약된 자리다. 그 자리에 앉기 위해선 조그만 덕목이 있다. 후자의 어르신처럼 마음의 문을 열고 감사한 마음을 품어야 한다. 이것이 젊은이들에게 큰 응원이 된다. 내가 곁눈질하듯이 누군가 나를 곁눈질하고 있다. 같은 공간에 있으면 말을 하지 않아도 연민을 느끼며. 체온의 따스함이 전해진다. 지하철역에 있는 전면을 비추는 거울 앞에 서 본다. 내가 나를 바라보면서 스쳐 가는 사람의 얼굴을 자연스레 비교한다. 나 또한 자신에게 갇혀 교만으로 인해 얼굴의 주름이 뾰족하게 그려지고 있는 것은 아닐까 곰살맞게 살펴본다. 좀 더 부드럽게 그려지도록 눈을 크게 뜨고 주름을 펴면서 거울에 있는 내 얼굴에 미소를 지어본다.

최신 유행하는 아이돌 노래를 유튜브로 들어본다. 가사가 대부분 영어이고, 우리말로 된 부분도 영어로 들린다. 가사가 들리지 않아, 음악이 아니라 시끄러운 소리로 들리는 것 같기도 하다. 그렇지만 새로운 문화에 적응하려고 노력한다. 나에게 말한다. '이거 노래 맞아!'

내 이웃의 영웅들

　　　　　5년 전 이사 왔다. 옆집에 사는 꼬마는 만날 때마다 나에게 밝은 표정으로 인사를 한다. 출근길에 만났는데 제법 숙녀티가 나서 물어보니, 세상에 초등학교 6학년이란다. 내 나이 드는 것만 생각했나 보다. 그날도 엘리베이터 앞에서 만났다. 위층에서 이미 다섯 명이 타고 있었다. 1층에 도착하자 내가 제일 먼저 내리고 그 애가 뒤따라 내렸다. 현관으로 나가려는데 그 애가 엘리베이터 문 앞에서 열림 버튼을 누르고 같이 탄 주민이 다 내릴 때까지 서 있었다. 우리 아파트는 유독 엘리베이터 문 열리는 시간이 짧아 두세 명만 내려도 자동으로 문이 닫히기 때문이다. 어른인 나는 쏙 빠져 나왔는데 뒷사람을 배려해 기다려 주는 것이다. 나보다 작은 손이 마음은 더 크다. 참으로 부끄러운 아침이다.

출퇴근 시간에 대중교통을 주로 이용한다. 출근 시간은 1분 1초가 소중한데 도로에 잡혀 있어야 했다. 갑자기 버스 기사가 앞문을 열어주면서 내리라고 한다. 뒷문이 고장 난 줄 알고 아무 생각 없이 승객들을 따라 앞문으로 내렸다. 내리고 나서야 버스 기사의 마음을 알았다. 뒷문으로 내리게 하려니 화단이 있어 승객이 내릴 수 없고, 신호대기 차량이 너무 길게 늘어서 있어 한참 걸려야 버스 정류장까지 갈 수 있기 때문에 승객을 배려해 미리 앞문을 열어준 것이다. 만약 그 배려가 없었다면 1~2분 정도 도로 위에 더 잡혀 있어야 했다. 뒤늦게 그 작은 배려를 느끼면서 정차된 버스를 뒤돌아보며 기사가 보든 말든 아랑곳하지 않고, 멋쩍게 고개 숙여 인사했다. 아침 출근길 기분이 참 좋다.

그날은 버스가 하차 문을 열어주지 않고 정류장을 지나쳤다. 당연히 문이 열릴 줄 알았는데 열리지 않자, 승객들이 일순간 동요하였다. 어떤 승객이 "기사님, 왜 문 안 열어주세요?"라고 따졌다. 갑자기 기사는 "승객이 하차 벨을 눌러주어야 서지요." 조금 있다가 "벨도 안 눌러놓고 따지시면 안 되죠."라며 2절까지 잔소리를 해댄다. 큰 선심을 쓴다는 듯 뒷문을 열어주어 승객들이 가까스로 내렸다. 비록 벨이 눌리지 않아도 러시아워에 지하철 환승을 위해 내리는 승객이 없을 리 없고, 백미러로도 충분히 가능할 수 있을 텐데. 같이 내리던 아저씨가 처음 보는 나에게 "벨을 안 누른 게 아녜요. 벨은 눌려져 있었어요." 살며시 말했다. 승객들은 버스 정류장이 조금 지났음에도 문을 열어주어 고맙다는 마음으로 내렸다. 그 남자는 기사에게 맞받아치지 않았다. 굳이 그렇게 말하면 출근길 서로 격해져 싸움이 될 수도 있기 때문이다. 다른 사람을 위해 참아준 그 남자에게 마음으로 박수를 보낸다.

일이 있어 모처럼 차를 운전해서 출근했다. 아파트 앞 좁은 도로이다. 나는 2차로에서 우회전을 해야 대로로 나가는데, 빠져나가기가 쉽지 않았다. 모퉁이에서 우회전 깜빡이를 켜고, 어정쩡하게 정차하고 있었다. 경적을 울려 옆에 정차 중인 차량 운전자에게 양해를 구할 수도 있었지만, 좌회전 신호로 바뀌면 편하게 우회전하려고 기다렸다. 그런데 갑자기 옆에 있던 차량의 사이드 미러가 접히는 것이 아닌가. 나는 비상 깜빡이로 감사함을 전하면서 천천히 우회전 하였다. 소리 없이 사이드 미러를 접어 준 그 운전자에게 나는 또 하나를 배운다. 보이지 않는 배려가 사회를 지키는 힘이 된다는 것을….

아침 출근길에 갑자기 비가 내렸다. 현관 앞에서 그 애를 만났는데 비가 오니 우산을 준비하란다. 친절한 아이 때문에 비를 맞지 않았다. 버스에서 같이 내린 아주머니가 우산이 없었다. 덩치가 좀 있으시다. 그 애의 밝은 표정이 남아 있어서일까. 내 우산이 양산 크기라서 두 사람이 쓰고 비를 피하기에는 좁았다. 나는 아주머니의 어깨를 적극적으로 감싸 안고 20미터 정도 같이 우산을 쓰고 지하철 입구까지 걸었다. "우산이 작아서 미안해요." 했더니 아주머니는 "아니에요, 너무 고마워요. 즐거운 하루 보내세요."라고 답한다. 그녀의 눈동자를 당당하게 쳐다보았다. 좋은 행동을 하고 바라보니 상대방의 눈동자가 참 예쁘게 느껴졌다. 대개 낯선 사람은 곁눈질로 눈치껏 보는데, 상대방을 마주하여 바라보니 사람의 눈동자가 참 신비롭다는 생각이 들었다.

  순간적으로 일어나는 작은 행동에서 영웅이 만들어지고 역사가 된다. 나는 이웃에게서 수시로 배우고, 위로받는다. 배움의 대상은 나이도, 지위도 필요가 없다. 그들이 한 행동은 아주 작은 것이다. 무심한 듯 살아가지만, 적절하게 참견하는 사람들이 있다. 순수한 마음에서 나오는 그 참견이 감동이 되고, 활력이 된다. 이기적인 나에게 채찍을 가한다. 무심히 베푸는 사람들, 그들이 바로 이 시대의 영웅이다. 소박한 배려를 거름 삼아 내적으로 성장하여 영웅이 된다. 출근길에 만난 영웅들을 떠올려본다. 나에게는 모두 똑같은 가치의 영웅이다. 나도 그 아줌마에게 작은 영웅이 되지 않았을까.

걸어 다니는 새

　　　　나는 **사람새**다. 사람이었다가 날고 싶어 새가 되었다. 나무에 사뿐히 다리를 놓고 앉아서 아름다운 노래를 하고 싶고, 마음에 드는 나무에 둥지를 틀고 싶었다. 땅을 밟으며 하늘을 이고 사는 사람의 머리를 위에서 내려다보고 싶었다. 사람의 위선을 경멸스럽게 보고 싶었다고나 할까. 사람의 이불인 나무를 보고 싶었다. 나무가 이불인 것을 모른 채 물구나무서며 사는 사람들은 요란하게 가리며 살기 때문이다.

　사람새가 되어 날갯짓하여 날아오르니 좋았다. '처음처럼' 그럴 줄 알았다. 새는 사람의 손 대신 날개가 중심을 잡아주는 역할을 한다. 하늘을 날려면 쉼 없이 날갯짓을 해야 했다. 가장 재미있는 것은 높이 올랐다가 날개를 펼친 채 하강할 때가 좋았다. 잠이 들면서 갑자기 꿈속으로 쿵 내려가는 느낌, 할머니의 등에 업혀 눈을 감고 있을 때 그런 느낌이다. 세상이 다 내 것인 것 같았다. 높이 올라가 내려올 때 내가 살았던 땅의 사람들이 땅에 뿌리를 두고 하늘 아래, 나무 아래 머리를 흔들거리는 모습을 내려보며 비웃어 본다. 발이 뿌리인 것을 모르는 사람들, 권력을 위해 다투는 사람들, 사기꾼들, 마음에도 없는 빈말을 해대는 사람들, 정의로운 척하는 사람들은 거머리처럼 땅에 발을 붙이고 욕정을 가득 담고 살고 있다. 점지한 그 땅을 절대 놓치지 않으려는 부동산 졸부들의 모습도 보인다.

하강하는 것이 굉장히 어렵다. 공기의 기압을 맞추고, 날개로 브레이크를 잡아야 하니깐. 가장 무서운 것은 날갯짓하지 않으면 천적에게 잡힌다는 사실이었다. 먹이사슬의 세계는 빈틈이 없다는 것을 새삼 깨닫게 된다. 손이 없는 대신 나의 부리가 그 역할을 대신한다. 거친 음식도 쪼개어야 하고, 몸도 씻어야 하고, 먹잇감도 잡아야 하며 새끼도 안아야 한다. 사람은 두 개의 다리로 걷고, 두 손이 있어 도구를 만들어 이용하기에 육체적으로 편하다. 새는 날갯짓하고 부리로 모든 것을 행하여야 하므로 살이 찔 틈이 없다. 그런데 나는 뿌리가 사람이었던 사람새라서 자꾸 먹잇감에 대한 욕망이 있다.

살찌면 날개가 감당하지 못해 날지 못한다. 날지 못하는 새, 날개를 달고 걸으려니 중심 잡기가 힘들다. 그래서 오리가 뒤뚱뒤뚱 걷게 된 것 같다. 몸이 무거워 날지 못하는 오리와 닭은 제대로 날지도, 제대로 걷지도 못하는 미련한 동물이 되어 사람의 가축이 되었으리라. 보호받는 데 익숙해져 스스로 먹잇감을 구하지 못하는 반려견처럼 말이다.

새도 천적이 있다. 아무리 약해 보이는 동물도 쉽게 자신의 목숨을 내놓지 않는다. 먹잇감을 만들기 위해서는 나름대로 머리와 몸을 써야 한다. 살아 있는 동물은 본능적으로 방어기제가 작동하기 때문이다. 며칠 동안 사람새로 살면서 아픔을 겪었다. 처음 며칠 동안 먹이를 잡지 못해 굶어 날갯짓할 힘도 없었다. 새들도 자기 구역이 있어, 그곳을 벗어나면 공격당한다. 나의 구역은 소나무를 중심으로 위아래로 날 수 있다. 더 높은 구역은 나보다 더 크고, 더 강한 새의 구역이다. 구역을 벗어나 죽을 뻔하였다. 여기도 보이지 않는 규칙이 있다. 사람에게 계층이 있는 것처럼 말이다. 위로 올라가면 더 많은 먹잇감을 볼 수 있고, 더 많은 세상을 볼 수 있는데 가지 못하여 서럽다. 나의 눈에 자주 띄는 것은 산까치다. 나도 그럼 산까치인가?

고공 울렁증일까. 비행 멀미를 계속하였다. 어제는 너무 힘들어 사람일 때 다니던 집 앞의 학산에 갔다. 사람새가 되고 보니 이상하게 내가 그토록 경멸했던 고향 주변을 다니게 된다. 수구초심이라는 말이 새가 된 나에게도 적용된다. 익숙함이 위로가 된다는 것을 새삼 깨닫게 된다. 사람이 산을 쉽게 오르기 위해 오르막에 계단을 만들어 놓았다. 그곳은 야자수 매트를 깔아 놓아 푹신하였다. 나는 혼자 날기를 거부하고 날개 접고, 두 다리로 푹신한 계단을 타고 올라갔다. 너무 재미있었다. 뒤에 사람이 따라 올라왔다. 날개 접고 걷는 것은 정말 힘들다. 그래도 나는 사람새라서 다른 새보다 걷는 데 익숙하다. 날개를 접고 다리 하나로 뜀뛰기를 하며 올라간다. 오십 대 여자가 나처럼 혼자 계단을 오르며 내 뒤에서 나와 보조를 맞추어 나는 앞서고, 그녀는 뒤따라 올라온다. 그녀가 "산까치야, 산까치야, 어디로 날아가니. 네가 울면 우리 님이 오신다는데…."라고 흥얼거린다. 내가 산까치인 게 맞나 보다. 아직 나는 새보다 사람이 편하다. 나란히 앞뒤로 산을 탄다. 내가 사람이 아니라 새라는 것을 깨닫는다. 갑자기 외롭다. 저 여자가 무서워야 하는데 그런 감정이 생기지 않는다. 저 여자는 왜 혼자 다닐까 생각해 본다.

사람은 먹을 것을 가지고 다닌다. 그래서 사람이 다니는 길에는 어김없이 흘려놓은 음식이 있다. 그것을 부리로 쪼아 먹으면서 통통거리며 계단을 타고 올라갔다. 새가 걷는 것은 사람이 손과 발이 묶인 수인이 걷는 것과 비슷하다. 나는 팔

대신 날개가 있다. 그래서 손이 없어 그 일을 부리가 한다. 그래서 부리가 단단하고 부딪히면 아름다운 목관악기가 된다. 많이 사용하여, 탄력이 있어 소리의 공명이 있어 아름다운 소리가 되었으리라. 딱따구리는 노래하는 것이 아니라 열심히 나무껍질을 찢으며 집과 음식을 마련한다. 그런데도 사람은 새가 노래한다고 말한다. 노래로 들리지만, 새가 노동하는 소리다. 저 산 너머 딱따구리의 파워풀한 건축 소리가 난다. 광활한 자연의 섭리 앞에 사람은 동굴에 갇혀 있는 아이 같다.

  나는 부리로 살아가야 한다. 오늘은 사람의 두 팔을 보며 감탄한다. 저 두 손이 얼마나 좋게요. 저 손으로 아이를 안고, 도구를 만들고, 도구가 사람의 노동을 대신한다. 나는 사람새, 날갯짓을 해야 한다. 물론 날개와 부리가 발달하였지만 편하지 못하다. 사람은 두 손으로 만든 도구들이 많은 일을 대신한다. 컴퓨터, 로봇을 만들어 그것이 대신하고 있다. 이제야 나는 알겠다. 손이 얼마나 좋은 것이지, 사람이 많은 것을 소유하고 있다는 것을.

  산을 오르며 며칠 전 문학회에서 독서 토론으로 다룬 다윈의 《진화론》을 떠올리며 상상한다. 자주 가는 학산 둘레길에 70도 정도의 오르막길이 있다. 지난여름 그 길에 200여

개의 계단으로 된 데크 설치 공사가 진행되어 한 달 전 완공되었다. 그 계단을 오르며 하나, 둘, 계단 수를 센다. 오늘은 푸르른 날이다. 하늘이 바다고, 나무가 해초, 사람이 인어 같다. 인공 건축물인 데크 계단이 더 자연 친화적으로 다가선다. 자연을 더 닮은 건축물을 보며 사람은 자연을 닮아가려는 본성이 모성처럼 품어져 있다는 것을 느끼게 된다. 산까치 한 마리가 내 앞 계단에 서 있다. 사람이 뒤에 있는 것을 알면서도 느긋하게 걸어 계단을 탄다. 사람이 남긴 음식을 많이 먹어 몸이 무거워졌기 때문일까. 아니면 사람이 부러워 따라 하는 것일까. 나의 발걸음 소리를 듣고도 요동하지 않고 내 앞자리를 양보도 하지 않고 올라간다. 친구 같다.

'사람새인가 보다. 사람인 나보다 더 잘 올라가고 있잖아.'

그렇게 더불어 정상까지 올라갔다.

파스칼은 '사람은 생각하는 갈대'라고 말했다. 나는 현대인을 '걸어 다니는 베짱이'라고 말해 본다. 동네 온라인 중고 거래 사이트에 '바퀴벌레 잡아주면 2만 원'과 유사한 게시글이 드문드문 올라온다. 콘크리트 속에서 흙을 모르며 살아가는 도시의 젊은이 중 상당수가 벌레가 무서워 손으로 잡지 못하며, 모기가 있으면 모기약을 마구 분사하여 질식하여 죽게 한다고 한다. 이렇게 인간은 편리함 대신 육체적으로 나약해져 있다.

창조론, 진화론 등 세상을 보는 관점에 따라 다르겠지만 여러 가지 역사적 검증으로 사람은 기어 다니다가 직립보행을 한 것으로 보인다. 사람이 받은 달란트 중 가장 소중한 것이 직립보행이라는 것을 새삼 깨닫게 된다. 이것으로 인해 만물의 영장이 되었으며, 두 발이 손 역할을 하며 도구를 만들고, 물건을 발명한다는 것을. 그리고 손을 이용하여 생각한 것을 글로 남기고, 이름을 만들어 가고, 그것을 남기면서 문명은 사람의 주도하에 이어져 간다. 나는 소망한다. 늘 걷고 사색하기를, 자연 속에 사람이 있음을 알고 자연의 섭리를 따르기를.

'남 탓과 나 몰라'를 하면서 살아가야만 하는 사람들, 나는 조금이라도 정을 나누고 싶어 머뭇거린다. 너무 적극적이면 오히려 오해할 수 있으니, 나와 분리되지 않게 보일 만큼 말이다.
_〈남 탓과 일단 나 몰라라〉 중에서

4부

풍격(風格) 있는 경찰

나! 부수고 나왔어요

　　　　　참지 못하는 가벼움 때문에 자신에게 부끄러운 경우가 종종 있다. 나는 여자 경찰관이 되자마자 유리천장(glass ceiling)을 느꼈다. 5년째 민원실에 근무하며 자연스럽게 여경 중 가장 선임자가 되었다. 어떤 부서도 여경을 자발적으로 받으려는 부서가 없었고, 조직은 자유로운 영혼을 억지로 드라이브로 나사못 끼우듯 맞추었지만 마음은 그곳을 떠나고 싶었다.

　　어느 해 40대 서장이 발령받아 초도순시를 하던 중 경찰서 내 여경 10명 중 민원실에 8명이 근무하고 있는 것을 목격하고 여경의 인력 활용이 제대로 안 된 것 같다고 문제를 제기하였다. 말이 씨가 되어 가장 선임자인 내가 다른 보직으로 옮길 것이라는 소문이 무성했다. 특별한 행동을 하지 않고 내심 기대하며 기다렸는데, 후배가 재빠르게 희망하는 부서로 가게 되었고, 자연히 나는 우스운 꼴이 되었다. 스스로 위축되고 부끄러웠다.

근성이 발동하여, 서장님을 찾아가 파출소 근무를 자원하였다. 대구 파출소에 최초로 근무하는 여경이 되었다. 당시 3교대 근무였고, 나에게는 생후 30개월 된 딸과 6개월 된 아들이 있었다. 부끄러움을 벗어나고 새로운 업무를 하고 싶다는 욕구 외 다른 의도는 없었다. 그러나 섣부른 선택으로 치러야 할 대가는 참혹했다.

상위 부서장이 줄이어 초도순시를 오면, 파출소장은 관내 지도 등 차트를 펴고 정식 업무보고를 반복하면서 예민해졌고, 직원들도 따라 힘들었다. 여경에 대한 복무 지침이 없어 관리자는 무기 사고 등 자체 사고가 날까 노심초사였다. 순찰차 운전도 서툴고, 총, 수갑 등 기본적인 장구를 갖추는 데도 무리였다. 관심 직원이 되어, 수면 위로 오르자 "특진을 목표로 자원했다.", "인사에 불만을 품었다.", 별의별 말이 다 나왔다.

따가운 주위의 시선을 오롯이 감당하면서 당당한 척 연기하며 근무하였다. 5개월 정도 지나, 새벽 시간 순찰차 근무를 하는데 돌도 안 된 아들이 아프다는 남편의 전화를 받았다. 그때 나는 아무 생각 없이 총과 수갑을 찬 혁대를 풀고, 갑자기 순찰차에서 내린 일이 있었다. 물론 조금 뒤 남편이

해결했다는 연락을 받아 근무를 했지만…. 그때 같이 근무하던 직원을 한참 지나서 만났는데 "이 형사는 모르지만, 아들 아프다는 소식 듣고 혁대 내려놓고 갑자기 내릴 때 그 모습 보고 울컥했어요."라고 하였다.

남자 중심으로 운영되었기에 미처 여경을 맞을 준비가 되어 있지 않았다. 화장실도 남녀 구분이 없었고, 휴게실도 마찬가지였다. 내가 선택했기에 약한 모습을 보이면 안 된다는 판단으로 아침에 출근해서, 가장 기본이라 생각하는 화장실 청소를 자발적으로 하였다. 나름 공주처럼 살았는데, 자발적 선택이 감당해야 할 몫은 무거웠다.

무더운 여름날, 지루한 장마 끝에 노숙자가 쓰러져 있다는 신고를 받고 출동하였다. 일단 순찰차에 태웠다. 뒷좌석에 태우고 파출소로 갔다. 오랫동안 씻지 않은 노숙한 몸, 모기의 밥이 되어 온몸에 피 말린 상처 딱지들, 장마로 인해 습기 가득한 날씨도 한몫하여 말로 표현할 수 없는 냄새가 났다. 산 사람에게 그런 냄새가 난다는 것을 처음 알았다. 순찰차에 태우고, 내리는 과정에서 밴 냄새는 집에 와서 아무리 씻어도 뇌에 박혔는지 사라지지 않았다. 그 냄새가 일주일가량 나서 밥도 제대로 먹지 못하고, 순찰차에도 냄새가 느껴져 업무를 하면서도 힘들었다. 너무 강한 충격은 기억하는 것을 거부하는가 보다. 이후는 변사를 보고도 업무라고 생각하였고, 일상생활에 문제가 없었다.

근무한 파출소는 시외버스 정류장을 담당하여 노숙자, 술 취한 사람 등이 많이 발생하였고 잔 도둑이 많았다. 특히, 여름밤은 신고가 난무하고, 여름 햇살처럼 사람들의 마음이 뜨거워, 여기저기 욕설과 폭행이 난무하였다. 신고 받고 출동하여, 여기저기 소방수 역할을 하였다. 한여름 밤의 꿈이 아니라, 한여름 밤의 롤러코스터였다.

소내 근무 시간에 60대 애꾸눈 남자가 파출소에 들어와 책상에 앉아 서류를 보고 있는 나에게 갑자기 돌진해서 한 대 내리쳤다. 세상에 불만이 가득한 사람으로 술의 힘을 빌려 온 것이다. 일부 사람들은 경찰을 권력의 아바타로 생각하고 경찰에게 분노를 표출한다. 그 사람은 시력이 안 좋아 내가 파출소장인 줄 알고 위에서 내리쳤다. 술에 취해 중심을 잃고 때려 통증은 심하지 않았지만, 순식간에 벌어진 일이라 나는 일방적으로 당하고 말았다. 삶의 상처를 이곳에서 푼다는 생각이 들었지만, 동료들 앞에 무안해서 허탈한 표정을 짓는 것의 다른 도리가 없었다. 혼자 소내 근무할 때 무전기를 꼭 잡고, 더 긴장하여 근무하였다.

그날을 돌아보니 참 경거망동(輕擧妄動)하였다는 것을 깨닫게 된다. 나는 '여자도 할 수 있어요. 나 부수고 나왔어요.'

라고 소리치고 싶었다. 파출소장은 내가 비번 때 직원들 앞에 "여경 한 명이 네 식구를 굶게 한다."라고 푸념하였다고 한다. 그 이야기를 전해 듣고 당시에는 서럽고 서운하여 원망하였다. 그런데 지금 처지를 바꾸어 생각해 보니 이해가 된다. '왜 굳이 금녀의 곳을 선택하여 서로 힘드냐!'라는 하소연이었으리라. 당시 IMF 외환위기로 부도가 이어지고 실직을 하는 사람이 많아 그런 말은 할 수 있는 시대 상황이었다.

밤 근무가 지속되자 몸이 많이 축나고 아이들 또한 불안해했다. 응원해 주던 남편이 "주간 근무하는 곳으로 부서를 옮기면 어떨까?" 아끼던 말을 던졌다. 고민 끝에 "가정 문제로 경찰서로 들어와야겠다."라고 서장님께 인사 고충을 말하였다. 그때 참으로 부끄럽고 민망했다. 내 생애에서 가장 부끄럽고, 치욕스러운 순간이었다.

얼마 뒤 경찰서 민원실로 다시 발령받아 일하게 되었다. 그때 부서 과장의 표정이 쌀쌀맞게 느껴졌다. 아마 스스로 부끄럽고 위축되어 그렇게 느꼈던 것 같다. 20년이 지난 지금, 장벽이 많이 깨어져 여경들이 지구대에서 많이 일하고 있다. 그때 그 시절 그 용기가 그립고 아쉽다. 절도범을 잘 잡는 김 형사와 같이 도보 순찰하면서, 손과 팔에 볼펜으로 빡빡하게 적은 용의차량번호, 불심검문 탐문 기록 등 퍼즐처럼 그 시절을 맞추어 본다.

남 탓과 일단 나 몰라라

출근하였다. 커피믹스 한 개를 잡고, 정수기로 한 달음에 간다. 뜨거운 물을 받아, 커피 한 잔을 타서 마시고 일을 시작한다. 언제부터인가 셀프이다. 주유소도 셀프 주유가 대세인 것처럼 말이다. 얼마 전까지 막내가 일괄 타서 주면 받아서, 자연스럽게 직원들이 탁자에 모여 도란도란 이야기를 나눈 후 각자 책상에 앉아 일을 시작하였다. 이야기꽃을 피우면서 시작한다. 어느 회사 여사원은 김 양이라 부른다고 인권위에 진정하고, 어떤 회사의 막내는 커피를 타라고 한다며 갑질이라 신고하였다. 사생활을 묻는 말도 성희롱이라 하고, 외모에 관해 이야기해도 그렇다고 한다. 주기적으로 성희롱 예방 교육을 받는다. 법이 만들어지면 자연스럽게 다양한 사례가 생겨나고, 판례가 된다. 판례가 늘어나고 안 되는 항목들이 늘어난다. 물 흐르듯이 인권이 키워드가 되고 있다. 이제는 자연스럽게 각자 컵을 들고 차를 타서 책상으로 바로 돌아간다. 그렇게 업무가 시작된다. 혼자 차 마시면서 업무를 시작하는 분위기가 형성되었다.

그 이유에서일까. 셀프방어를 위한 방편으로 신고 지상주의가 되어 가고 있다. 신고만 하면 피해자가 되고, 피해자 보호가 우선되기 때문이다. 섣부른 감성으로 원초적으로 대응하는 것보다는 강력하고, 신속하게 처리되고, 2차 가해도 법적으로 막아주기 때문이다.

오늘도 출근하여 정수기에 찻물을 받기 위해 쪼르륵 달려갔다. 차를 마시기 위해 출근하는 사람처럼 커피 한 잔이 업무의 마중물이 된 듯하다. 열 살 연하의 직원이 내 앞에서 정수기에 물을 이용하였다. 연이어 커피믹스를 부어 놓은 노란 머그잔을 같은 자리에 놓고 눌렀다. 세상에, 뜨거운 물이 아니라 찬물이 나오고 있었다. 너무 놀라서 후배에게 갑작스럽게 "어, 야, 야!"(네가 찬물을 눌러놓았잖아. 상대를 탓하는 마음의 소리) 소리쳤다. 그런데 말이다. 그 후배가 하는 말 "저 아니에요, 저 아니에요."(나 몰라요, 라는 마음의 소리)라고 손사래 친다. 어려운 일이 생기면 남 탓을 하는 버릇이 있고, 책임을 면피하기 위해 일단 부인부터 한다. 사실 이런 상황에서 일어나야 할 말은 "아이고, 내 정신 봐." "아닙니다. 선배님 생각해서 온수 버튼으로 바꾸어 놓아야 했는데." 그랬으면 얼마나 좋았을까. 자기방어를 위해 선방한 행동에 내가 놀랐다. 이것이 지금 이곳의 모습이다. 이런 문화에 길들어진 나를 발견하고 고개 숙인다.

'나도 물들었구나….'

남을 배려하며 살려고 노력하는데, 무의식적으로 유발한 것을 보니, 나도 확실히 감염된 것이다. 언제부터인가 직원들과 점심 먹고 차 한 잔하는 동안 젊은 후배들은 묻는 말에만 답을 하고 자신의 신변잡기에 관해 일절 이야기하지 않는다는 것을 알았다. 1980년대생 정도는 자신의 이야기를 하는데, 그 이후 후배는 이야기하지 않는다. 이야기 소재가 다르기 때문이다. 젊은 직원들 앞에서 말을 많이 하지 않는다. 점점 공감은 없어지고, 업무적으로 대한다. 그런데 적응하니 오히려 서로에게 좋다는 것을 알게 된다. 대화하면서 나누는 공감은 그 순간, 그사이의 처방이기 때문이다.

가출 담당 업무를 할 때, 남편이 유서를 써놓고 사라졌다는 신고를 받고 출동하였다. 휴대전화기 위치를 검색하니 호수 주변이다. 신고자와 같이 호수 주변을 돌아다니다가 가출인이 남긴 신발 한 켤레를 발견하였다. 신발을 남기고 그는 호수에서 주검으로 발견되었다. 그것을 보면서 생각했다. 왜 신발을 벗어놓을까. 나, 여기 있소. 나의 흔적을 알려주고 싶었던 것 같다. 얼마나 외로웠을까. 외로운 사람이여, 왜 그렇게 할 수밖에 없었소. '남 탓과 나 몰라'가 난무하는 어려운 현실 앞에 고독한 마음이 이해는 가지만, 아까운 생명을 왜 그리 쉽게 던졌는지. 남겨진 신발을 한참 쳐다본다. 나도 당신만큼 외롭소. 그래도 좀 더 살아보지. 신발을 남긴 것은 삶의 미련이 있다는 것인데 말이오. 안 그렇소. 신발에는 사람이 걸어 다닌 흔적이 묻어 있다. 흔적을 남겨두고 떠난 것이다. 신발이 상징하는 의미는 그런 것이 아닐까.

얼마나 두려웠을까. 주저흔(躊躇痕)이 몇 번이나 당신의 몸에 새겨졌을까. 죽음이 두렵지 않은 사람은 없다. 그러나 대다수 사람은 이를 받아들이며 하늘로 돌아간다. 죽음이란 왔던 곳으로 돌아간다고 생각하기 때문이다. 내가 세상에 태어난 것도 나의 의지가 아닌 것처럼 죽는 것도 마찬가지니깐. 그렇게 생각하면 무서운 것이 없고, 부끄러운 것도 없다.

사람은 일생에 자기가 주인공인 예식이 세 번 있다. 돌잔치, 결혼, 그리고 장례식인 것 같다. 물론 저마다 몇 개가 더 주어지겠지만 최대공약수는 이 세 개가 아닐까. 장례식은 슬프다고만 생각했다. 그러나 요즘 가까이 있는 사람들이 하나, 둘 하늘로 돌아가니 자연스럽게 그 사람을 기념하는 예식이라고 생각한다. 예전에는 장례식에 가면 음식을 먹지 못했다. 어릴 때 장례식에서 먹은 음식 때문에 토사곽란을 하고 결국 입원까지 한 경험이 있기 때문이다. 그런데 요즘은 장례식에 가면 결혼식보다 더 맛있게 먹는다. 물론 젊은 사람이 죽은 경우는 그렇지 않지만. 자손이 빈소에 서서 어르신을 대신해서 손님을 맞이한다. 지인들이 예의를 차리고 옷을 입고 누구는 절을 하고, 누구는 국화꽃을 헌화하고, 누구는 묵념한다. 그 모습을 보면서 '당신은 참 소중한 사람이었습니다.' 마음으로 영정사진을 바라본다. 삶과 죽음은 하나의 카테고리라고 느낀다. 이제는.

코로나가 사회 전반에 개인주의 문화를 양산했다. 식당에 일인용 테이블이 생기고, 찻집도 테이블을 두고 마주하는 정형의 좌석 배열을 탈피하여 나란히 앉는 자리가 많이 생기고 있다. 음식도 개별로 덜어 먹는다. 세상이 위생적으로 변하였다. 반대급부로 인간적인 것은 사라져간다. 내가 이렇게 글을 쓰는 이유는 각박한 세상에 말과 행동으로 더 이상 표현할 수 없어서, 글로나마 마음을 나누고 싶어서이다. 나를 위로하기 위해서이다. 동시에 나처럼 외로운 당신에게 "내 탓과 미안하오."를 말해주고 싶어서이다. 그래서 '고맙소.'를 주거니 받거니 하고 싶다. 그렇게 나누면서 말이다. 갈대가 아름다운 것은 흔들리기 때문이라고 한 것처럼, 인간의 마음도 흔들리기 때문에 아름다운 것이 아닐까. 당당하게 혼자서 살아간다면 로봇이 아니겠는가.

'남 탓과 나 몰라'를 하면서 살아가야만 하는 사람들, 나는 조금이라도 정을 나누고 싶어 머뭇거린다. 너무 적극적이면 오히려 오해할 수 있으니, 나와 분리되지 않게 보일 만큼 말이다.

여경의 날에 대하여

7월 1일 '여경의 날'을 앞두고, 경찰 내부 전산망에서는 '여경의 날 행사 시행에 대한 여론조사'가 진행됐다. 설문 항목은 여경의 날 특진과 표창, 조직 기여도, 행사의 개선 방향 등에 대한 것이었다. 과반 이상이 '여경의 날'과 '여경의 특진과 표창'이 남경(남자경찰)에 대한 역차별이고 '여경의 날 조직 기여도'에도 부정적이라는 의견이다. 업무에서 남경이 여경보다 우위라는 사고에서 비롯된 판단이다. 과연 '여경의 날' 행사가 남녀평등에 위배될까? 남경과 여경이 업무에서 불평등한가? 그렇지 않다. 민주주의 국가에서 평등은 획일적 평등이 아니라 균형적 평등을 추구하기 때문이다.

평등이 무엇일까? 철학적으로 평등은 "인간은 똑같이 존엄하다."는 의미이다. 엘리트주의는 남녀, 우열, 강자와 약자 같은 차이점으로 인간을 구분한다. 평등주의는 이성적 능력, 발전의 무한성, 역할의 존엄성, 인간의 절대적 가치와 같은 동일성을 우선시한다. 정치학적으로 평등은 "인간은 존엄한 존재이므로, 인위적 및 사회적으로 부당하게 차별하지 않는다."는 한 문장으로 압축된다. 즉 의식주, 교육, 건강 같은 기본권 충족과 보호, 기회 평등, 법 앞에서 평등을 의미한다. 최저 기준에서는 획일적 기준이 존재하지만, 그 이상은 현재 상태와 노력에 비례하는 균형적 기준이 필요하다.

먼저, '여경의 날'과 '여경의 특진과 표창'은 평등에 부합하는가? 여경의 날은 '대한민국 여경재향경우회'가 주최하는 위로 파티에서 비롯되었다. 1991년 서울 경찰청 주관으로 지방청 단위로 행사가 개최되었고, 1995년 여경 기구 창설일인 7월 1일을 '여경의 날'로 정했다. 이후 2000년 경찰청 공식 주관행사로 자리 잡게 되었다.

'여경의 날' 생성과 발전 역사를 보면 알 수 있듯이, 여경의 탄생을 기념하고 발전을 기원하는 의미가 담겨 있다. 2013년 5월 말 현재 전체 10만 4,600여 명 경찰 가운데 여경은 8,403명으로 8% 수준이다. 따라서 남녀 경찰 비율이 비슷해질 때까지, 여경만을 위한 제도나 행사는 평등의 원칙을 벗어나지 않는다.

다음으로 남경과 여경의 업무가 불평등한가? 창설부터 상당 기간 여경은 전화를 받거나 문서를 작성하는 등 부수적 업무를 수행하다가, 여성·어린이·청소년 관련 업무로 영역을 넓혔다. 현재는 치안센터나 교통순찰대뿐만 아니라, 형사·감식·대테러 업무까지 진출하고 있다.

특히 2000년 이후부터 '상설여성기동대'를 중심으로 집회 및 시위 현장에서 질서유지까지 담당하고 있다. 남경의 관점에서 같은 영역이라도, 자신의 업무가 여경보다 중요하고 무겁다고 느낄 수 있다. 대단한 오류이다. 평등은 남경과 여경이 같은 임무를 수행하는 것이 아니라 특성에 적절한 임무를 수행하는 것이기 때문이다.

무조건적으로 동일한 기회를 주면 힘센 조직의 구성원은 항상 앞서나가게 된다. 그래서 국가는 동등한 출발이 가능해질 때까지 약자에게 특별한 법이나 제도를 적용한다. 남경이 압도적인 현 경찰조직에서, 여경만을 위한 법과 제도는 평등성의 범주에 들어간다.

그리고 남녀는 동일한 일을 해야 한다는 생각은 남성우월주의와 다름없다. 남녀는 역량에서 동일한 영역도 있지만, 다른 영역도 있다는 점을 알아야 한다. 남경은 자신과 다른 업무를 하는 여경을 무능력으로 판단해서는 안 된다. 남경이 침범하지 못하는 특수한 영역으로 간주하고, 자신과 동등한 임무를 수행하는 동료로 봐야 한다는 의미이다.

2014년 7월 1일 《오마이뉴스》

처제에게 고개를 숙인 남자

　　　　　　다섯 통의 부재중 전화가 와 있다. 형부다. 여간해서는 전화하지 않는 사람인데 전화기를 보는 순간 가슴이 쿵 내려앉았다. 순진해서 대출 사기, 기획부동산, 다단계, 비트코인 등 한 번씩 발을 담그고 손해를 입은 사람이다. 직감적으로 또 무언가 걸렸다는 생각이 들었다.

　"처제, 큰일났다. 나 구속 영장 떨어졌단다. 내 계좌가 해외에서 도박 사이트로 이용되었다고 서울지검에서 연락이 왔다. 지금 또 해킹한다고 하면서 통장에 있는 돈 천만 원을 빨리 찾아서 가지고 있으란다."

　"(말을 가로채고) 형부! 그거 보이스피싱 같은데요."

　"처제, 아~이다. 구글에서 냉장고 구매 결제가 되었다는 문자가 와서 알아보니 내 통장이 만들어졌고, 그 통장이 해외 도박 사이트에서 이용되었데. 피해자가 많아서 통장명의자인 내게 구속영장이 떨어졌다는데, 돈 1천만 원…."

"형부, 피싱입니다. 구글 결제되었다는 문자 받고, 발신 번호로 전화하거나, 사이트 클릭하면 형부 휴대전화기에 악성 파일 깔려 형부 휴대전화기 조종하는 거라니까요!"

"처제, 아~이다. 내가 검색해서 서울 중앙지검에 전화도 해보고, 지구대도 전화했어. 구속영장 집행하러 온다고 하더라."

"(다시 말을 가로채면서) 형부, 구속영장 함부로 발부 안 되고요. 검찰에서 전화로 구속영장 떨어져 온다고 말도 안 하고, 돈도 요구하지 않아요. 그리고 지구대에 알리지 않아요."

경찰 처제 말도 듣지 않는 형부를 설득하는 데 무려 30분이나 걸렸다. 이후 형부는 시키는 대로 다른 전화기로 지구대 전화하고 나서, 비로소 속은 것을 알게 되었다.

"세상에 형부! 잘 들어봐요. 바이러스처럼 사기꾼들이 번지고 있습니다. 보이스피싱 예방 백신 접종하여 내성이 있다고 생각하지만, 수법은 수시로 변이되어 부지불식간 사람들이 속게 됩니다.

얼마 전 한 남자가 당근마켓을 통해 금을 판매하게 되었습니다. 실제 사려고 하는 사람을 직접 만나 금을 주고, 금 값을 송금 받았습니다. 이후 금 판매자의 계좌가 지급정지되었습니다. 알고 보니 대출 사기 피해자가 대출 수수료 명목으로 송금한 것입니다. 송금한 대출 사기 피해자는 금 판매자를 상대로 형사 고소하였습니다. 결국, 금 판매자의 모든 계좌는 지급정지되었고, 금 매매 대금으로 받은 자금은 소송으로 다투어야 하고, 계좌 정지로 경제활동에 치명타를 입게 되었습니다.

이것이 소위 말하는 '3자 사기'입니다. 3자 사기의 목적은 사기꾼이 자기 계좌를 사용하지 않고 사기를 하는 수법입니다. 그런 거래를 할 때는 어떻게 해야 할까요? 거래 상대의 신분증, 휴대전화기 번호, 차량번호 등을 확인하고, 송금인과 매수인이 다른 경우 명확히 확인해야겠지요. 얼마 전 대출 사기 피해자가 사기범을 직접 만나면서, 사기범이 타고 온 차량 사진을 찍어 두어 검거한 사례가 있었습니다.

이런 일도 있어요. 인터넷 쇼핑몰에서 리퍼 제품 TV를 구매하였습니다. 구매 다음 날 바로 배송이 되었는데 케이블선 한 개만 도착하였습니다. 온라인 쇼핑몰 상담원에게 문의하니, 배송 완료되면 판매자에게 에스크로 시스템 약정에 따라 결제 대금을 며칠 이내 지급한다고 하였습니다. 판매 대금을 선지급 받기 위한 교묘한 수법이었습니다. 괜찮겠다고 안일하게 생각하지 말고, 항상 의문이 생기면 관련된 사람에게 따져 물어보아야 합니다."

경제사범 조사하는 처제 말도 통째로 안 믿은 형부, 3시간 동안 혼자 고통을 받았다고 한다. 선한 마음을 이용하는 사람들, 세상에는 정의롭지 못한 사람이 많다. 형부를 설득하여 휴대전화기 악성 프로그램을 지우게 하였다. 하루 지나서야 형부는 평정을 되찾았다. 혼자 북 치고 장구 친 형부는 한 편의 에피소드를 남기고, 처제에게 한동안 고개 숙인 남자가 되었다.

사기꾼들이 사람들을 향해 쉼 없이 낚시질을 하고 있다. 그런 허황된 꿈을 미끼로 던진다. 사람들은 그 미끼가 달콤해 문다. 그럼, 어떻게 되는가. 한순간 선택으로 많은 것을 잃어버린다. 어쩌면 수년간 모은 돈을 잃어버린다. 어떻게 보상이 되겠는가! 미끼는 수시로 바뀐다. 비트코인이 되었다가, 휴대폰이 되었다가, 땅이 되었다가, 인터넷 도박이 되기도 한다.

2022년 카타르 월드컵 조별 리그를 하고 있다. 직원과 이야기를 주고받았다. 손흥민 선수가 부상으로 복면을 쓰고 뛰어야 하는데, 한국이 어떻게 될 것인가 물었다. 그러다 오늘 하는 다른 나라의 경기는 어떻게 되겠나 이야기를 나누었다. 내가 서아시아에서 경기를 하고, 속칭 침대 축구하는 사우디가 아르헨티나를 이기지 않을까! 무심코 말을 던졌다. 유럽 프로 축구를 좋아해 영국까지 방문한 후배가, "무슨 말을 하십니까. 아르헨티나는 우승 후보인데요." 나는 지지 않고 말했다. "아냐, 침대 축구를 하는 나라고, 남미의 고산지대에 있던 사람이 중동 와서 오합지졸 될 수도 있다. 또 개인기가 뛰어난 선수들이라 첫 경기는 발이 안 맞을 수도 있다. 각자가 잘났으니깐."

나의 말이 설득력이 있었을까, 스포츠 토토를 사보자고 하여 만원을 투자해 두 경기를 배팅했다. 차 한 잔 사 먹는 거로 생각했다. 세상에 만상에, 내가 배팅한 사우디와 프랑스가 이겼다. 어떻게 이런 일이. 22배의 승률이 예상된다고 하였다. 어떻게, 어떻게, 후배는 스스로 패배를 인정한다. 저는 똥손입니다. 내가 왜 선배님 말을 따르지 않았을까요. 축구 광인 그 후배만이 만 원을 걸지 않았기 때문이다.

이런 일이 일어날 수 있는가, 내 사전에. 그 직원이 또 하자고 한다. 내가 말했다. '과유불급'이다. 행운은 그렇게 자꾸 오지 않는다. 즐겼으면 되었다. 그만!

인생이라는 것이 그런 것 같다. 중단할 줄 아는 용기가 있어야 한다는 것을. 오늘 아침에 출근해서 자랑질하고, 팀원에게 점심을 사야겠다. 그리고 가족들에게도 맛난 것 사주고, 그러고는 원금 만 원만 남겨야겠다. 소소한 행복을 받았다. 나는 겁 없이 말한다.

"내 옆에만 서 있거라. 행운이 두둥실 날아온다."

처제에게 고개를 숙인 형부 정호충 그림

기별

　　직장 새내기였을 때 같은 부서에서 일했던 윤 부장을 식당에서 우연히 만났다. 각별한 사이는 아니지만, 서로가 좋은 이미지를 지니고 있었다. 갑자기 그가 나를 보더니 아이구, 이 부장요, 어디 근무하는교, 우리 기별하고 삽시데이. 라고 말했다. 기별이란 말이 너무 정답게 들려 웃었다. 가수 윤수일을 닮은 윤 부장, 그땐 미혼이고 어려서 수줍음이 많았다. 잘생기고 키 큰 남자를 쳐다보는 것도, 말을 거는 것도 서툴렀다.

　　세월 따라 내 눈의 렌즈는 윤 부장이 주름 가득한 중년의 평범한 남자로 비쳤다. 자연스럽게 농담을 건넬 만큼 사람을 대하는 여유가 생겼다. 기별이란 말을 짧게, 길게, 높게, 낮게, 높낮이와 장단을 달리하며 여러 차례 말해보았다. 윤 부장도 나의 기별 단어 사성(四聲) 퍼포먼스에 쑥스럽게 웃는다. 기별 한번 하자는 말이 참으로 정답다. 그 말에 꽂혀, 온종일 만나는 사람에게 기별하며 살자고 말을 걸었다.

기별(奇別)의 정확한 의미를 알고자 사전을 찾아보았다. '다른 곳에 있는 사람에게 소식을 전함, 또는 소식을 적은 종이.'였다. 예전에는 소식을 전하는 방법이 접촉이었다. 춘향이도, 황진이도 그렇게 임의 기별을 기다렸지 않았던가. 기별이라는 말은 비접촉 사회가 되면서 사라지고 있다. 사극에 종종 등장하여 단어의 맥을 이어오고 있다고나 할까.

생애 처음 문예지에 초회 추천 받았다. 꽃 그림이 있는 축전을 한 장 받았다. 빛바랜 앨범을 펼치는 기분이었다. 승진, 결혼, 출산 등으로 축전을 받았던 일들이 떠올랐다. 축전을 받고 한동안 복고풍 감성에 젖었다. 종이의 질감을 느끼며, 접촉의 멋을 오랜만에 느껴보았다. 청춘 시절로 돌아간 것 같았다.

디지털 시대에 사는 우리는 어떻게 소식을 전하며 살아갈까. 소통의 채널이 카카오톡이 되어버렸다. 휴대전화에 저장된 친구는 자연스럽게 카카오톡 친구가 된다. 프로필 사진(프사) 기록을 공유하며, 살아가는 소식을 주고받는다. 그리운 친구의 프사를 열어본다. 친구가 살아가는 일상을 접촉이 아닌 접속을 통하여 알게 된다.

어떤 친구는 아이가 태어난 날을 숫자로 세기 시작(D+1)

하며 하루를 살아간다. 또 다른 친구는 결혼일을 기준으로 세며 산다. 사진을 통해 의미가 느껴지는 친구의 모습에서 삶의 활력이 느껴진다. 젊은 세대는 포토존에서 찍은 자기 모습을 올린다. 나이가 들어감에 따라 취미, 손주, 반려동물 등으로 바뀐다. 프사를 보면 자연스럽게 세대를 알게 된다.

나에게 하루는 어떤 의미일까. 무엇을 세고 싶은 것일까? 곰곰이 생각해 보았다. 나는 더하기가 아니라 빼기 세기를 시작하기로 했다. 기준은 '정년퇴직일'이다. 세어보니 오늘은 D-1956이다. 프사 바탕화면 상단에 자동 숫자 앱을 실행하였다. 그리고 숫자 아래에 '자유의 날'이라 새겼다. 그날이 오면 나는 새로운 주제로 더하기 세기(D+1)를 시작할 것이다.

빼기 세기를 시작하며, 자유의 날까지 무엇을 할 것인가 고민해 보았다. 통기타 동호회에서 한 달에 한 곡을 발표하니 50곡 정도 나의 노래가 되어 있을 것이다. 독서 모임에서 한 달에 두 권의 책을 읽고 있으니 100권 정도의 고전이 서재에 꽂힐 것이다. 한 달에 두 편 정도 수필을 적고 있으니 100편의 글이 된다. 그날 책으로 묶어 세상에 나를 선보인 것이다.

그날을 준비하며 하루를 채워 나간다. 자유의 날까지 기타와 노래가 있는 사진, 멋을 부린 시 한 수, 감출 수 없는 아름다운 풍경이 종종 올려질 것이다. 세월의 주름은 막을 수 없지만, 인생의 멋을 아는 표정으로 감출 수 있으리라. 그동안 접속하지 않은 카톡 친구는 지우고, 새로운 친구가 등록되어 있을 것이다.

이렇게 글을 쓰는 동안 또 하루가 지나간다. 숫자가 준 만큼 자유의 날이 다가온다. 살다 보니 잃은 것이 있으면 그만큼 얻는 것이 있다는 것을 깨닫게 되었다. 더하고 빼면 제로가 되는 '제로 인생'이 나의 인생 좌표이다. 고민을 좌표에 넣으면 신기하게 집착이 사라진다. 하루가 소중한 선물이라는 것을 깨닫게 된다. 나는 오늘도 하루를 선물 받고, 자유의 날을 기다리며, 나의 카카오톡 친구에게 기별하며 살아간다.

'꿈꾸는 자의 삶은 스스로 부풀어 올라 탄성이 있다. 한 번 더 부풀어 보자!'

2023년 《동서문학》 제19호

의견서 단상

　　　　　엄마가 베트남으로 갔다. 아니 엄마의 제사가 베트남으로 갔다. 가족 카톡으로 쉽게 결정되었다. 아버지가 재혼하시고, 새엄마가 엄마의 제사를 지내셨다. 이제는 제사 지내는 것이 몸에 부대낀다고 하셨다. 결국 엄마의 제사는 한국에서 분양받지 못하고, 베트남으로 갔다. 기도로 낫게 한다고 엄마와 같이 기도원으로 전전하던 나 몰래, 엄마는 오빠에게 선산에 묻힐 장소를 미리 단장해 달라고 했다는 말을 나중에 들었을 때 배신감과 동시에 맏이에 대한 무한 신뢰를 느꼈다. 그토록 믿고 기댔던 오빠가 사는 곳으로 엄마를 보낸다. 소중하게 보관하고 있던 엄마의 여권 사진을 찍어 오빠에게 카카오톡으로 보냈다. 엄마가 외국에 가시니깐. 제사는 산 사람이 마음의 빚을 갚기 위해 만든 행위라고 생각한다. 그 짐마저 못 진다고 생각하니 답답하다.

정신과 의사 엘리자베스 퀴블러 로스가 쓴 《죽음과 죽어 감》에는 죽음을 앞둔 사람은 다섯 단계를 거친다고 한다. 죽음에 대한 부정, 분노, 협상, 우울, 마지막 수용이다. 엄마도 그랬다. 처음에 암에 대해 부정하고, 분노하였다. 누군가를 원망하였다. 그리고 얼마 뒤 엄마는 모든 것을 용서하면서 암을 받아들였다. 암의 무게가 커졌지만, 사람에 대한 미움이 사라지자, 마음의 무게가 가벼워져 마지막 가시는 길은 편안해 보였다. 엄마는 30년 동안 시어머니를 모시고 살았다. 엄마에게 집은 다른 주부처럼 편안하지 못했다. 늘 마음에 짐을 지고 계셨다. 며느리가 큰 병에 걸렸다는 이야기를 듣고 아픈 다리를 끌면서 간에 좋다는 노고초(할미꽃)를 구해 감주를 만들어 며느리에게 먹이던 할머니의 손길에는 미안함과 연민이 담겨 있었다. 엄마는 돌아가시기 전에 엄마가 없으면 할머니가 제일 힘들 것 같다고 말씀하셨다. 그때는 그 의미를 몰랐다.

암 말기였던 엄마는 황달로 눈동자가 노랬다. 엄마의 눈에는 눈물이 가득하고, 노란 눈동자에 내 모습이 비쳤다. 나를 바라보며 끝내 말을 못하셨다. 혀가 먼저 감기는 바람에 말이다. 그러나 엄마가 못다 한 말을 알고 있다. "선아, 사는 것 별것 아니다. 돈, 돈거리며 살지 말거라. 결혼시키지 못하고 먼저 가서 미안해." 엄마를 떠나보내고 매년 기일에 나를 보러 오신다고 위안 삼으며 살았다. 엄마와 인연은 너무 짧았다. 엄마의 단짝 친구는 30년 지난 지금도 건강하게 살아계신다. 어느덧 백세시대가 되었다.

엄마가 돌아가시고 한동안 나는 꿈속에서 살아 있는 엄마를 만났다. 깨어날 즈음 나는 외친다. "엄마! 죽은 게 꿈이고, 살아 있는 게 현실이지." 그 말을 수도 없이 꿈속 세상에서 되뇌었다. 이제는 그런 꿈을 꾸지 않는다. 그 대신 나의 딸에게 마음으로 약속한다. '엄마가 건강하게 오래 살게. 엄마 없는 세상은 그때부터 어른이 되기 때문이란다. 너희들이 어른이 되어도 어린아이가 될 수 있도록 노력할게. 어른아이로.' 엄마를 베트남으로 떠나보내고 첫 기일에 허전해서 산소를 찾았다. 무덤에 노란 조화를 놓아두었다. 벌과 나비가 생화인 줄 알고 뛰어들었다. 얼마 뒤 다 어디론가 떠난다. 어쩌면 우리도 저들처럼 헛것에 목메고 있는 것은 아닌지. 엄마 산소 바로 위에 엄마와 결혼으로 새로운 인연을 맺었던 할머니의 무덤도 보인다. 그렇게 인연은 죽어서도 이어지고 있다.

엄마는 아버지의 봉급으로 살림을 꾸려 나가는 것이 힘들어, 산통계(算筒契)를 하였다. 그때는 은행 문턱이 높아서 사람들이 사채를 많이 이용했다. 그러던 중, 외삼촌은 임신 중인 외숙모를 혼자 두고, 돈을 벌어 중기를 사서 자영으로 사업을 한다는 목적으로 사우디아라비아에 일하러 갔다. 누나를 믿고 월급을 보내왔다. 엄마는 무더운 곳에서 동생이 힘들게 보내온 돈을 조금이라도 더 증식시키려고 노력하였다. 지인에게 '진이 엄마'를 소개받았다. 그녀는 중년의 부유한 부인 스타일이었다. 남편이 대기업 건설회사 과장이라고 하였다. 엄마는 그녀에게 돈을 빌려주었다.

  어느 날 엄마는 당신 자신이 작성한 고소장을 주면서, "선아, 엄마가 쓴 건데 네가 다시 좀 고쳐주라. 경찰서에 제출할 거야."라고 하셨다. 엄마는 시골에서 자랐고, 살림만 하여 글을 쓰는 경우가 많지 않았다. 가계부를 적고, 산통 장부 정리하는 것이 당신의 일기였고, 수필이었다. 그때 나는 중학교 1학년이었다. 고소장이 무엇인지도 모르고, 엄마가 쓴 내용을 수정하고, 정리하였다. 당시 나는 엄마가 그렇게 글로 마음을 표현할 수 있다는 것에 놀랐다. 엄마가 쓴 고소장에는 엄마의 인생이 담겨 있었다. 나는 진이 엄마가 한 행동을 옆에서 지켜보았기 때문에 정리할 수 있었다. 엄마가 쓴 것을 다시 수정하면서 많이 울었다. '우리 엄마가 이렇게 아팠구나.' 엄마가 쓴 고소장에 눈물이 떨어져 일부 글자가 퍼져 있고, 종이에 얼룩이 남아 있었다. 내가 작성한 고소장을 보여주었을 때 놀란 엄마의 표정은 '선이가 내 마음을 다 아는구나.'라고 말하는 것 같았다.

엄마는 경찰서 조사팀에 고소장을 제출하였다. 수사가 진행되고, 얼마 안 되어 그녀는 구속되었다. 그녀는 이혼녀고 재산이 없으며, 모든 것이 거짓말이란 것이 밝혀졌다. 엄마는 큰 용기를 내어 면회하러 갔다. 접견실에서 어떤 말이 오갔는지 모르지만, 엄마는 다녀와서, 배고프다고 하며, 찬밥에 밥을 말아 먹으면서 나에게 말했다. "선아, 사람 마음이 참 이상하지. 죽이고 싶도록 미웠는데, 막상 구속된 것을 보니, 그녀의 딸 진이가 생각나더구나. 영치금 좀 넣어주고 왔어." 라고 하셨다. 엄마는 미움과 희망을 같이 버린 것 같았다. 그날 이후 엄마는 그녀에 대해 이야기하지 않았다. 너무 아픈 상처는 망각하고자 하는 것이 인간의 본성이란 것을 자연스럽게 어른이 되면서 알게 되었다.

우연의 일치일까, 나는 경찰이 되어 엄마가 고소장을 제출한 바로 그 경찰서 경제팀(이전 조사팀)에서 일하고 있다. 억울하게 피해를 보고 고소장을 제출하는 사람들을 마주한다. 고소장에는 마지막 희망이 담겨 있다. 글로는 표현할 수 없는 아픔을 알기에, 어떨 때는 조사를 받다가 감정이 복받쳐 올라올 때가 있다. 제2, 제3의 엄마를 그렇게 마주한다. 사람을 속여 뺏는 것이 얼마나 큰 배신이며, 그 상처가 얼마나 큰 것인지 알기 때문이다. 그 아픔을 의견서에 다 담지 못하고 그들 편에서 정의롭게 서지도 못하는 경우가 많다. 제2, 제3의 진이 엄마는 넘치고 넘친다. 분명히 나쁜 사람들인데도 법망에서 쉽게 빠져나가는 죄가 사기이기 때문이다.

엄마가 사기를 당하고 뜬눈으로 수많은 밤을 지새울 때, 어린 나는 엄마를 보듬어 줄 생각은 하지 못했다. 엄마는 지옥 같은 시간을 견뎌냈다. 살던 집을 외국에서 돌아온 외삼촌에게 넘겨주고, 새로 시작하였다. 아버지와 할머니에게 죄지은 마음으로 살면서, 고통을 이겨내고 우리 4남매를 대학까지 보냈다. 너무 무거운 짐을 지어서일까. 엄마는 나의 결혼도 못 보고 돌아가셨다. 그때 엄마가 마지막 가는 길에 나에게 못다 한 말을 나는 눈빛으로 들었다. '선아, 돈은 사람이 만든 거야. 너무 그것에 목매지 말거라. 스트레스도 받지 말고.'

엄마의 유언으로 삼고 살아가고 있다. 재산 증식에 성공한 주변 사람들을 지켜보면서 내가 점점 뒤처지는 느낌을 받지만, 나는 믿는다. 돈의 노예가 되지 않는 삶이 화평하다는 것을. 건강하게 사는 것이 재산을 남기는 것보다 값지다는 것을. 자식은 엄마 없는 그날부터 어른이 되기 때문이다. 엄마의 유품을 꺼내 본다. 엄마의 사망신고는 세상 계약의 마침표였다. 계약 파기된 엄마의 주민등록증을 꺼내 본다. 그리고 빛바랜 엄마가 쓴 곗돈 장부, 여권도.

종갓집에 시집온 나는 처음에는 내가 왜 이곳에 시집와서 이상한 문화에 적응해야 하는지 의문이었다. 시어머니와 어느덧 30년간 인연을 맺고 지내다 보니, 마음이 이어지는 것을 느낀다. 엄마 나이가 되고 보니 이해가 된다. 엄마 돌아가시고, 1년 뒤 결혼하여 만들어진 새 인연은 홍시처럼 익어간다. 엄마가 돌아가시면서 할머니가 제일 불쌍하다는 말의 의미를 이제야 알겠다. 종부의 임무를 묵묵히 해오시다가 3년 전 나에게 넘겨주고, 4대째 내려오는 고택에서 오직 자식이 잘되라고 기도하며, 꿋꿋이 버텨주는 시어머니가 계셔서 든든하다. 남편과 나는 아직도 어른 아이기 때문이다. 새해를 맞아, 시어머니를 찾아가 해맞이 떡국 한 그릇 나누고 돌아와야겠다. 올 한 해도 건강히 지내시라고. 그렇게 나의 인연을 마주하며 한 해를 시작하련다.

19禁

50대 후반 미혼 여성이 문교부 장관에 임용되었다. 1980년대 초 정장 치마가 아니라 정장 바지를 입고 출근하는 여성 장관은 세간의 관심을 한몸에 받았다. 임용 후 학생의 마스코트였던 교복과 두발 자율화 정책을 추진하였다. 학생의 자율성을 존중한다는 취지였다. 당시 중학생인 나는 머리카락이 직모라서 규정된 단발이 늘 뒤집혀 스트레스를 받았다. 정책이 시행되자 앞 머리카락에 핑클 파마를 해서 풍성함을 살렸다. 그러나 그녀는 6개월 만에 물러났다. 유교적 잔재가 남아 있는 사회문화를 급격하게 변화시키기에 동력이 부족했다고 할까. 돌이켜보면 문제 될 게 없는데 그때는 학생들이 사회 문제가 대두되면 자율화 때문이라고 책임을 전가하였다. 그나마 나는 운 좋게 교복과 교련복을 입지 않고 고등학교를 졸업했다. 졸업 후 얼마 되지 않아 다시 교복이 부활하였다. 살아보니 세상은 규정을 없애고 부활을 반복하는 것이 루틴인 것 같다. 매일 타인과 같은 옷을 입고, 같은 헤어스타일을 하는 것이 싫었다. 학창 시절 학생이라는 이유로 제약된 규정에 소심하게 반항했고, 개혁적 장관은 나에게 구원투수와 같은 존재였기에 세월이 흘러도 그녀를 잊지 못하고 있다.

해운대 부근에 있는 호텔에서 외삼촌 결혼식이 있었다. 예식이 끝나고 친척들이 호텔에 있는 다방에 갔다. 요즘 다방이라고 하면, 젊은 애들은 '방을 구하는 사이트'라고 말하며 기염을 토하지만, 그때 다방은 지금 흔히 볼 수 있는 카페와 비슷하다. 다른 점은 그때는 청소년 출입 금지 구역이었다. 엄마가 같이 가자고 했는데 모범생처럼 행동했다. "학생은 다방에 가면 안 된다고 했어." 고집을 피우고 호텔 로비에 앉아 있었다. 엄마는 어쩔 수 없이 친정 식구들과 같이 있지 못하고 내 옆을 지켰다. 왜 다방에 못 가게 하는지, 이유가 선명하지 않아서 죄도 없는 엄마에게 반항했다. 사실은 묻혀 따라 들어가도 문제가 될 소지가 없다는 것을 알지만 묻지 말라는 식의 규정이 싫었기 때문에 돌발적 연기를 했다. 그렇게 어설프게 존재감을 드러내었고 나의 사춘기는 뾰족했다.

돌아보니 그때 다방은 유명한 가수의 노래 가사처럼 도라지 위스키 한 잔을 몰래 팔고, 마담이 붉은 립스틱을 바르고 은근하게 옆에 앉아 남정네의 이야기 상대가 되어주며 차 한 잔의 매상을 올리던 풍경이 있었기에 19금이 되었던 것을 뒤늦게 알게 되었다. 다방은 차를 마시는 곳인데, 어른들이 정당하지 못하게 이용하여 사회문제가 되었다. 그때는 그 이유를 몰랐기에 그렇게 반항하였다. 결론적으로 어른의 잘못으로 애꿎은 청소년의 출입이 제한된 것이다.

태초 에덴동산에 하나님이 보시기에 좋은 선악과를 먹지 말라는 금지 규정이 없었다면 세상은 어떻게 되었을까. 따지고 보면 정당한 이유가 되지 않는 주입식 강제 규정이다. 우리 사회도 결이 비슷하게 묻지마식 금지 규정이 즐비하다. 금지 규정은 역으로 일탈을 조장한다. 역행이 순리가 되는 것이 모순이지만 현실은 그렇다. 결국 19금은 성장하는 아이들에게 일탈을 조장한다. 2024년 계엄령이 선포되었다. 초유의 사태를 접하면서 법의 실체적 한계를 느낀다. 재량이 없는 일탈이라 바로 돌려놓기 위한 절차가 복잡하다는 것을 알았다. 법률적이면서 동시에 정치적이고 더하여 통치행위까지 혼합되어 무엇이 올바른 것인지 가늠이 안 된다. 정치는 서로 견제하면서 균형을 이루어 가야 한다는 것을 국민은 뼈저리게 실감한다. 이 사건으로 제왕적 대통령의 한계상황이 증명되었다. 19금도 이처럼 어른을 제왕으로 두려고 한 증거이다.

19금의 명목은 청소년를 보호함이다. 선악과를 먹어도 한

순간이요, 음악감상실에 가도 별거 아닌 것을. 변강쇠도 애마부인도 남녀의 육체적 사랑을 풍자한 것인데 말이다. 권위의 하나님에 대한 도전을 용납하지 않듯 어른도 19금을 만들었다. 어른이 보기 좋은 것을 아이들은 보면 안 된다는 규정을 만들었다. '다리 밑에서 주워 왔다.'라는 말이 19금을 적나라하게 표현한 것이라고 본다. 주워 왔다는 말에서 공포를 느꼈던 어린 시절, 어른들은 그렇게 자기 세계를 숨기고 아이들은 그 세계를 알려고 파계하는 수도사처럼 죄의식을 가지며 성장한다. 어른의 세계를 미리 아는 것은 불충이요. 불효라고 세뇌당한 어린 시절, 충과 효는 회초리가 되어 아이를 고개 숙이게 만든다. 어른들이 말하는 19금은 청소년을 보호한다지만 사실은 어른 세계의 일탈을 정당화시키는 장치라고 어렴풋이 느꼈기에 내가 다방에 갈 수 없는 것에 대해 도전적으로 행동한 것 같다. 내가 한 서툰 행동은 이유 있는 반항이었다는 것을 뒤늦게 깨닫는다.

지금은 온라인 시대다. 정보가 공유되는 세상, 하나의 사건이 순식간에 전 세계로 퍼진다. 더 이상 어른들의 언어로 만든 바벨탑을 수성(守城)하는 것은 구조상 어렵다. 예전에 미국 영화에서 어린아이가 자신을 변호하기 위해 변호인을 선임하는 장면이 나왔다. 그때는 부모가 당연히 보호자인데 보호자 없이 어린아이 혼자서 변호인을 선임하는 것이 이상했다. 그러나 지금 한국은 아이들이 맞으면 가정폭력으로 신고하고, 부부가 심하게 다투면 아이에 대한 아동학대가 적용된다. 국가에서는 국선변호인을 선임하여 방어하게 해준다. 아이가 변호인을 선임하여 대응하는 것은 더 이상 남의 나라 이야기가 아니며, 부모라는 이유로 아이들에게 사랑의 매라며 처벌할 수 없다. 에덴동산에서 먹음직한 선악과를 따먹지 말라고 하지 말고, 이유를 말하고 먹지 않게 했다면 인간이 규정을 어기는 것이 순리가 되었을까. 인간의 육체적 사랑을 쉬쉬하면서 다리에서 주워 왔다는 식의 표현을 하지 않고 자연스럽게 알게 했다면 어떨까.

 19禁의 '禁'을 파자해 본다. 나무 두 개 사이로 본다. 즉, 숨어서 본다는 것이다. 이것은 통상 '야한 자료의 대명사'로 불린다. 19는 청소년을 의미하는 숫자이다. 왜 20은 당당하게 보고, 19는 숨어서 보아야 할까. 우리나라의 규제는 '9'가 많다. 9가 마지막을 의미하고, 0은 시작을 의미한다. 19,900원을 만 원대로 우기며 판매하고 사는 사람, 20,100원은 이만 원대가 되는 마법, 열아홉도 그런 것이 아닐까. 말기는 늘 어수선하다. 그렇게 열아홉을 그 말기 대열에 슬그머니 넣었다. 숫자일 뿐인데 사회에서 느끼는 것은 어마어마한 차이가 있다. 20세는 금지가 아니라는 말이다. 그 대신 자기책임을

전가한다. 19금이 풀린 20대가 힘든 것은 시행에 대한 준비 없이 자유에 대한 책임만 주어지기 때문이 아닐까.

19금에서 '금'을 '감히'라고 번역해 본다. 19라는 숫자를 두고 막연하게 금지한 것은 아이들이 어른들의 권위에 도전하는 것이 두려워 막아둔 상징적인 수다. 이에 따라 소곤소곤 각자의 언어로 대화하다 보니 어쩔 수 없이 세대 간 단절이 생겼다. 점점 어른의 언어로 만든 바벨탑은 무너지고 있다. 더불어 권위도 같이. 이제는 어른으로 가는 길이 가시밭길도 지뢰도 아니고, 평탄한 길이다. 청소년에게 놓인 지뢰와 같은 금지 규정은 하나, 둘 사라져 간다. 19가 29가 되고, 39가 되듯이 어른들만이 사용하는 바벨탑은 무너지고 있다. 대신 더불어 같이 갈 수 있는 것들로 대체되고 있다. 어른이라는 이유로 제약받지 않았던 행동이 수면 위로 드러나 사라져 가고 있다. 사무실에 재떨이가 사라지듯이 그렇게 말이다.

어른이 세운 권위에 대한 도전은 이유가 될 수 없다고 생각하였다. 〈이유 없는 반항〉이라는 영화 제목처럼 말이다. 19금은 너무 권위적이었다. 이제는 19禁 대신 20行으로 바꾸어, 부정이 아니라 긍정의 말로 바꾸어야 한다고 생각한다. 이유 있는 반항이란 것을 알고, 소통하여 이유를 찾아 문제해결을 해야 한다고 생각한다. 이유가 없는 반항은 없기 때문이다.

흑어

"그럼, 당신이 착한 암 걸리면 되겠네, 착하다면서."
동호회 모임에서 처음 만난 그녀가 나에게 던진 말이다. 그녀는 유방암 3기로 수술 받고 방사선 치료를 4회 받아 머리카락이 없는 상태였다. 신입 회원 대여섯 명이 차 한잔하는 자리였다. 그녀는 겉모습만 보아도 암 환자인 것을 알 수 있을 만큼 얼굴이 하얗고, 몸이 야위었고, 머리카락이 없다. 그 빈자리를 비니 모자로 가렸다. 나는 아픈 그녀가 편하게 이야기하는 것을 들으며, 아무 생각 없이 "착한 암이라 그래도 다행이네요." 말보시를 하였다. 갑자기 그녀의 눈에서 분노가 일면서 이렇게 나에게 일침을 가한 것이다.

그녀는 암에 걸려 암 환우들이 공유하는 카페에 들어가 보니 그런 말이 가장 큰 상처를 준다고 말하였다. 어떤 암에도 착한 것이 없으며, 암에 걸리면 누구든 암을 죽음의 사신으로 생각한다. 내가 아니어도 누군가 그 상황에서 위로한답시고 그런 말을 했을 것이다. 분위기가 어색했다. 잠시 후 다른 회원이 그녀에게 그럼 어떤 말을 하면 되냐고 물었다. "그냥 이야기를 들어만 주면 된다." 그녀의 말본새가 다소 거치나 새겨들을 만하다. 그렇게 말하고 그녀는 화제를 돌려 다른 이야기를 하고 있다. 그녀와의 첫 만남은 그랬다. 무안을 당하였지만, 그 솔직한 표현 때문에 다양한 각도로 생각하게 되었다. 그녀의 말은 계속 내 머리에 남아 있었다.

  몇 달 뒤 동호회에서 1박 2일 문학기행을 떠났다. 여섯 명씩 방을 배정받게 되었다. 배정받은 방에 가보니 그녀가 있었다. 그녀 생각을 많이 해서 내심 반가웠다. 한편으로는 두렵기도 하였다. 그녀에게 내 위선이 들킬 것 같아서이다. 투병 중인 그녀를 어떻게 대해야 할지도 부담이 되었다. 그녀 또한 사람들이 자신을 대하는 것을 부담스러워하는 것을 아는 것 같았다. 그녀는 가출했다고 말했다. 가족들을 챙겨주고 남을 배려하는 삶을 살았는데, 준비되지 않은 가족들에게 짐이 되고 싶지 않아서 제 발로 나왔다고 한다. 남에게 부담 주는 것을 싫어하는 그녀의 결백한 마음을 느낄 수 있었다. 나와 많은 부분이 닮은 것 같았다.

  투병하는 것도 힘든데 가출하여 생계 고민까지 해야 하고, 항암 치료를 거부했다고 말한다. 그것만 듣고 판단하면 삶을 포기한 사람 같았다. 그러나 그게 아니었다. 그녀는 적극적으로 사람들을 대했다. 밝게 웃고, 비겁하게 숨어서 남을 헐뜯는 사람들을 욕하였다. 그녀에게는 열정이 있었다. 그녀는 그 열정을 시로 표현하는 것 같았다. 그녀의 이면에 시인의 예민한 감각이 보였다. 남의 감정을 잘 읽어내면서 분위기를 이끌고, 여백이 있는 사람처럼 행동했다. 결백이 선택한 자유, 그녀와 하루를 보냈다. 자유의지로 암을 이겨낼 것이라는 믿음을 갖게 되었다.

    그렇게 하룻밤을 보내고 집에 돌아왔다. 가족들의 흔적이 있는 집에 도착하였다. 물건들이 어지럽게 놓여 있었다. 나의 공간이 엉망이 된 것이다. 집에 도착하자마자 선걸음에 정리부터 하고 거실에 앉아 차 한잔하였다. 나도 이 공간이 답답하다. 건강한 나도 이런데 그녀가 집에 있었다면 어떤 기분이었을까. 가족은 모두 슬프면서도 그녀 앞에 웃고 있다. 가출한 그녀가 머무는 작은 방에는 비록 냉기가 있을지라도, 마음은 편할 것 같았다. 동인지에 그녀가 어떤 글을 실었을까 궁금해서 펼쳐 보았다. '금어와 함께 다정한 방에서 살아요.'라고 적혀 있었다. 그녀는 눈 뜨고 자는 금어가 인형과 사물에 다정한데, 진작 자신은 자신을 경계한다고 했다. '다정한 방에서 살아요.'라는 마지막 소절을 보고, 살고자 하는 강한 의지를 느꼈다. 힘든 상황에서 가족에게 억지로 위로받고, 보호받는 것을 거부한 그녀는 서늘한 방에서 혼자 무엇을 하고 있을까. 가슴은 다정한 방을 꿈꾸는데 말이다.

오래전 일이다. 집에 30인치 크기의 어항이 있었다. 금어가 수십 마리 헤엄치고 있었다. 금빛의 금어는 어항 속에서 쳇바퀴 돌듯이 살았다. 어항 청소하고 나서, 금어들의 몸에 서서히 비늘이 벗겨지고, 살에 상처가 나기 시작했다. 한 마리, 두 마리, 죽어서 부초처럼 물 위에 떴다. 다시 물을 갈아주고, 부지런히 물고기 밥을 주었으나, 속수무책이었다. 결국 세 마리만 남았다. 세 마리가 비늘이 벗겨지고, 물에 떠오르는 것은 시간 싸움이었다. 더 이상 그곳에 둘 수 없어 양동이에 물을 받아 그곳에 넣어두었다. 방생을 생각했으나 관상용 물고기가 거대한 곳에서 천적에게, 아니면 같은 동족에게 수 싸움에 밀려 금방 다른 물고기의 밥이 될 것 같았다.

그때가 3월경이었다. 엄마가 김장독에 있는 묵은 김치를 정리하고, 김장독을 씻었다. 그러나 겨우내 배긴 김치 잔여물이 쉽게 빠지지 않았다. 독이 넓고 깊기 때문이었다. 물을 가득 담아 놓았다. 불려놓았다가 김장철이 오기 전 깨끗이 씻어 놓으려고 말이다. 양동이를 들고 나오다 그 장독이 눈에 들어왔다. 금어 세 마리를 그곳에 넣었다. 그리고 두 계절이 지났다. 늦가을에 엄마는 물을 빼기 위해 장독을 뒤집었다. 넘쳐 나오는 물속에서 흑색이 된 금어 세 마리가 날갯짓하듯 지느러미를 세차게 흔들고 튀어나왔다. 봄에 상처가 난 바로 그 금어였다. 금빛 금어는 어디 가고 장독 색깔과 닮은 빛이 되어버렸다. 물고기 밥을 준 것도 아닌데 말이다. 빗물을 맞고, 햇볕을 받고, 자연 바람을 맞으며 장독 속 김장 김치의 묵은 찌꺼기를 먹고 성장한 것이었다. 금빛 금어가 흑어가 되어 돌아온 것이었다.

어항 속 갇힌 세상에서 죽어가는 몸을 이끌고 나온 금어는 바깥바람을 맞으며 생명을 지킨 것이었다. 유리 속에서 관상용으로 사는 것이 얼마나 답답했으며, 같은 금어가 죽어 나갈 때 얼마나 두려웠을까. 장독에서 두 계절을 머무르며 장독 빛을 닮아 흑어가 되어버린 금어를 보니 기적이란 단어만 떠올랐다. 세 마리를 집 근처 연못에 방생하였다. 머뭇거림도 없이 지느러미를 세차게 흔들며 물속으로 들어갔다. 만약 한 마리였다면 저렇게 살 수 있었을까. 장독에서 세 마리가 따스한 정을 나누며 이겨낸 것이었다. 세 마리여서 안심이 되었다.

하얀 얼굴에 큰 눈을 가진 그녀도 인형을 요구하는 집을 나왔다. 병든 몸이다. 앞으로 투병보다 생활고가 더 고통스러울 수도 있으리라. 방사선 치료를 거부하고, 그녀는 자유의 날갯짓을 시작하였다. 살기 위해서 그녀는 가출했다고 했었다. 자신만을 생각하며 살아보겠다면서 말이다. 카카오톡에 그녀의 안부를 물었다. '금어와 행복하게 살기를 희망한다.' 고. 그녀는 자신의 시구절이 거론되자, 달갑게 댓글을 달았다. 덕분에 자신도 하루를 같이 보낸 회원들의 글을 읽고 있다고 하면서, 내 글에서 따스함을 느꼈다고 대답했다. 그녀에게 커피와 빵 쿠폰을 보냈다. '집 나가 배고프면 서럽다. 연말 송년회 때 보자.'고 문자를 전송하였다. 그 말의 진심을 그녀는 알 것이다.

천상병 시인은 "저승 가는 데도 여비가 든다면 나는 영영 가지도 못하나."라고 적었다. 그녀는 삶을 내려놓지 않았다. 아직 저승에 갈 마음의 준비가 되어 있지 않았다. 그녀는 문학기행에서 자신의 휴대전화로 찍은 나의 사진 넉 장을 보내왔다. 사진에는 나의 해맑은 표정이 담겨 있었다. 회원들이 각자 휴대전화기로 찍은 다른 회원들이 있는 사진을 앞다투어 올렸다. 제대로 된 나의 사진이 없었다. 그래서 속상했다. 그녀는 그 마음을 알기라도 하듯이 사진을 보내왔다. 그것도 나의 밝은 표정만 담아서.

그녀가 보내온 나의 얼굴이 담긴 사진을 본다. 이런 밝은 표정을 포착한 그녀는 나에게 진심이었던 것 같다. 어쩌면 처음부터 서로를 알아버린 것이 아닐까. 남을 배려하는 삶을 살았기에 자신의 욕심을 채울 수 없었다. 그녀는 처음으로 목숨을 지키기 위해, 자신만 생각하고 집을 떠났다. 자유롭게 자신을 담금질하면서 말이다. 두 계절 만에 돌아온 흑어처럼 건강한 그녀의 모습을 기다린다. 나는 조용히 말한다. 그녀가 들으면 또 화를 내겠지만 말이다. '착한 암이잖아요. 걱정하지 말아요. 다정한 연회장에서 우리 만나요.'

바벨탑

'서울역에 도착했습니다.'

안내 멘트에 일어선다. 열차에서 내린다. 이곳은 나를 늘 긴장하게 만든다. 일단 화장실에 가서 볼일을 보고 손을 씻고 거울을 보며, 혹여 촌스러운 티가 나지 않을까 이리저리 훑어본다. 신발 끈이 똑바르게 매여졌는지 확인하고, 어깨에 멘 백팩을 전투적으로 당긴다. 휴대폰 앱을 통해 목적지를 다시 확인한다. '공항철도역을 타고 김포공항역에 내린다. 다시 지하철 1호선을 타고.' 바닥에 그어진 공항철도역 유도선을 따라 간다. 처음 이용하지만, 이곳에 오면 주로 이용한 1호선, 4호선처럼 그런 줄 알면서.

서울역에 내리면 늘 두렵다. 착오 없이 똑바로 목적지까지 갈 수 있을까 걱정하며 꼼꼼하게 점검한다. 길치(癡)이기 때문이다. 지하철역 주변은 빌딩으로 꽉 차 있다. 둘러보아도 빈 땅이 없다. 여백이 없어서일까. 볼일을 보고 나면 한눈팔지 않고 바로 내려오는 열차를 탄다. 일정에 여백은 없다. 대부분 예매한 시간보다 빨리 볼일을 보고 서울역에 도착한다. 혹여 예매 시간이 남아 있으면 빠르게 내려가는 표로 바꾼다. 번잡하고 낯선 곳은 더 외롭고 쓸쓸하기 때문이다.

내려가는 에스컬레이터를 탔다. 몇 번이나 계단참에 내렸다가 이어지는 내려가는 에스컬레이터로 갈아탄다. 몇 번을 그렇게 내려갔다. '이 철도는 아주 깊숙하게 있구나. 최근에 만든 것이라 첨단 기술이 실감 나는구나!' 문명의 이단아처럼 여기저기를 훑어본다. 우주 공항이 아니라 지하 공항에 서 있는 기분이다. 모든 소리가 공명이 되는 듯하고, 가슴이 답답해짐을 느꼈다. 지하 공포증도 있나 보다. 제일 먼저 그런 느낌을 받았다.

종대로 줄을 서서 열차를 기다렸다. 내려야 하는 곳은 김포공항역이다. 다섯 개 역을 지나면 된다. 특이하게도 기다리는 사람들이 대부분 화물 캐리어를 끌고 있다. 캐리어는 외국 여행을 다닐 때 필수품이다. 아하, 여기가 그래서 공항철도구나. 내가 공항을 가기 위해 탄 것이 아니기 때문에 철도 이름을 연결하여 생각하지 못했다. 승객들이 내가 알지 못하는 언어를 사용한다. 분명히 이곳은 서울에 있는 공항철도인데 언어가 낯설다. 내가 외국인이 된 느낌이다. 한국어가 모국어임을 실감하게 되는 현장이다.

다섯 개 정거장만 지나면 된다. 그런데 이상했다. 안내 전광판은 처음에 한국어로, 다음에 일본어, 중국어, 영어 등으로 바뀌어 가며 표시되고 안내 멘트의 언어도 바뀐다. 낯선 언어, 외국인, 낯선 문자까지 나열되니 더 서글퍼졌다. 어지러워 고개를 숙였다. 다시 고개를 드니 전광판에 한국어 대신 다른 언어가 보인다. 다시 고개를 숙인다. 다시 들어보니 한국어, 다시 다른 언어, 몇 번을 반복했을까. 그제야 하나의 역에 도착했다. 그리고 또 같은 행위를 반복한다. 누가 나를 보면 고개 들었다, 숙이며 초점을 맞추지 못하는 내 눈동자를 보고 정상인이 아니라 생각할 것 같다. 나는 초조했다.

갑자기 이 열차가 김포공항역에 온전히 도착할까 의심이 생겼다. 돌다리도 두들겨 보고 건너라는 속담을 생활신조로 생각하며 살아가는데, 왜 공항철도역을 처음 이용하면서 알아보지 않고 탔을까. 그러나 지금은 물어볼 수 없다. 여긴 한국이고, 보이는 사람이 외국인이고, 내가 모르는 언어와 문자가 가득하다.

같은 행동을 하면서 마음으로 말하고, 가늠하며 고개를 들었다 숙였다 초조하게 시간을 낚았다. 두 번째 역에 도착했다. 아직도 이것을 세 번이나 더 해야 하다. 빨리 올라가 신선한 공기를 마시고 싶다. 나중에 검색해 보니 공항열차 한

노선이 4~5분 걸리며, 김포공항역까지 22분이 걸린다. 한 노선에 1~2분 정도밖에 안 되는 다른 지하철에 적응하다 보니 4~5분의 체감은 긴 시간이다. 마치 링거를 꽂고 주사액 한 방울, 두 방울 내려오는 것을 세며 링거병이 비워지기를 기다리는 기분이었다고 할까.

다시 위로 올라가는 에스컬레이터를 타고, 계단참에 내렸다가 다시 갈아타고, 그렇게 여러 차례 올라갔다. 한참 올라가니 한국인들이 보이고, 전광판은 제자리를 찾아 한국어가 아름답게 한국화처럼 펼쳐졌다. 비로소 가슴에 담이 걸린 듯 어렵게 쉰 숨을 힘 빼고 길게 쉬었다. 모국어로 느껴진 기억의 흐름을 회상하며 살포시 웃는다. 다행이다.

구약에 보면 인간이 하늘에 오르기 위해 바벨탑을 높이 세웠고, 이를 본 하느님은 권위에 대한 도전이라며 인간의 언어를 여러 개로 바꾸어 서로 알아듣지 못하게 하여 사람들은 흩어져 결국 탑을 짓지 못하게 되었다고 한다. 공항철도는 나에게 바벨탑의 저주가 내려진 곳으로 느껴졌다. 2025년 1월, 나라가 어지럽다. 정치인은 서로 자기에게 유리하게 법을 적용하면서 반대를 위한 반대를 한다. 변호인 한 명도 선임하기가 어려운 현실에 수 명의 변호인, 수 명의 검사가 판사를 가운데 두고 앉아 있는 모습을 보며, 세 분야의 언어가 다른 것을 피부로 느낀다.

법이 명쾌하게 매듭지어 주어야 하는데, 법을 신뢰하지 않고 서로가 다른 언어로 이야기한다. 법이 바로 서고, 법이 질서 위에 서야 하는데, 어떻게 하나. 그동안 정치인들이 법을 이용하면서 교만하게 행동했다. 물론 그 정치인을 뽑은 것은 국민이기에 공동 책임이다. 더는 바벨탑을 세우지 말고, 서로 알 수 있는 말로 대화하며 어지러운 나라를 일단 세우고, 법치를 다시 제자리로 돌려놓아야 한다고 생각한다. 조금씩 양보하자, 너무 시간을 지체하면 안 된다. 헤어날 수 없다. 지금이라도 제발 현자가 나와서 중재해다오.

보룡(步龍)이 될 수 있을까

　　　　　지렁이 한 마리가 아파트 보도블록에 늘어져 있다. 비가 오니 흙에서 기어 나왔다가 돌아가지 못하여 땡볕에 늘어진 채 말라버렸다. 배로 수축과 이완을 쉼 없이 하였으나 결국 표피가 말라 흙으로 돌아가지 못한 것이다. 어릴 때 나는 커다란 구렁이가 집에 들어와 이를 막으려고 이불을 돌돌 말고 있는 꿈을 자주 꾸었다. 이유 없이 기어 다니는 동물을 싫어했다. 성경에도 뱀은 에덴동산에 있는 태초의 여자를 꼬드겨 불순종하게 하였다. 동서양을 막론하고 기는 동물을 싫어하는 것 같다. 배치기하며 사는 것도 힘든데 지렁이는 이유 없는 질시까지 업고 살아간다.

　그러나 사실 지렁이는 흙 속에서 유기물을 먹고, 배출하는 과정을 반복하여 토양을 비옥하고 질감을 좋게 한다. 지렁이가 배설한 흙을 분변토라 하며 이는 지구에서 가장 깨끗하고 안전한 비료라고 한다. 또한 지렁이는 돼지, 소와 마찬가지로 가축으로 분류된다. 땅은 지렁이 덕분에 지력(地力)이 유지되고 있다. 또한 먹이사슬의 최하층에 있어 타고 올라가 동물들이 번성한다. 피부가 약하고 독도 없다. 그런데 사람들은 손에 닿으면 전염병이라도 걸리는 듯이 놀라고 눈을 마주치는 것마저도 거부한다.

    매년 1월이면 인사이동 시즌이다. 올해는 불가피하게 2월 중순이 지나서 발령이 났다. 그래서 보직에 대해 더 오래 고민하였다. 팀장은 2년마다 자리를 옮겨야 하고, 보직은 한정되어 있다. 팀장이 되면 관리자가 된다. 그러다 보니 팀장 자리를 두고 경쟁해야 한다. 다 나름의 이유가 있다. 나의 이유는 여직원 중에 가장 선임이며, 나이가 많다는 것이다. 나는 돋보기로 보고, 타인은 평면거울로 보기 때문에 내가 더 절실하게 느껴진다. 그러나 모두가 다 절실하다. 인사권자의 고민은 깊어진다. 그때는 원칙을 강조하게 된다. 어쩔 수 없이.
    내 자리의 유통기한 2년을 채우고, 다른 부서에 보직 공모하였다. 낙마 되면 있던 자리를 비우고 실무자로 돌아가야 한다. 올겨울은 유난히 비가 많이 온다. 눈이 되지 못한 겨울비는 몸과 마음을 더 싸늘하게 만든다. 지렁이가 길을 잃고 땡볕에 서 있는 것처럼 나도 내 자리를 찾지 못하고 비

내리는 거리에 서 있다. 겨울인데도 벌써 봄의 꽃샘추위를 느낀다. 그만큼 인사로 인한 고민의 기간이 길었기 때문이리라. 계절을 앞세울 만큼.

낙마 되면 갈 곳이 없다. 팀장을 하다가 팀원으로 돌아가는 것이 서글프다. 겨울비가 서글프게 내린다. 그 비를 맞으며, 지하철역으로 들어섰다. 노숙자가 자리를 깔고 있다. 머리카락으로 최대한 얼굴을 가린다. 눈빛을 되도록 보이지 않게 하고 돗자리를 펴고 무릎을 꿇고 앉는다. 그 앞에 신줏단지처럼 동전통을 두 손으로 받들어 놓으며 엎드린다. 그 틈으로 노숙인의 눈빛을 보았다. 따스하고 맑은 눈빛이었으나, 두려움이 있었다. 저 사람도 길을 찾지 못하고 결국 저렇게 고개 숙이며 원초적 욕망을 갈구하는 것이 아닐지 생각한다.

발령문이 나왔다. 다행히 팀장 명단에 나의 이름 석 자가 박혀 있다. 참 다행이다, 큰 숙제를 마친 기분이다. 앞으로 2년간 보존된 자리다. 정년까지 4년 남았으니, 2년이 지나면 마지막 보직 공모가 남아 있다. 그때는 지금 마련한 자리를 내놓고 다른 자리를 찾고 있겠지. 그때는 대상자가 늘어 더 치열하겠지. 2년이 지나 능력 부족으로 밀리게 되면 자발적으로 벽으로 둘러싸인 이곳을 떠나, 땅을 밟으며 트인 공간으로 돌아다녀야겠다.

겨울비가 나흘 동안 내리고 있다. 지렁이는 징그럽고 추해 보이지만, 실제로는 지구를 살리는 영웅이며 소중한 선물이다. 흙길을 걸으며 다음에 지렁이를 만난다면 찡그리지 말고, 혹여 햇볕 위에 있으면, 지나치지 말고 나뭇가지로 지렁이를 감아 흙으로 보내주어야겠다고 생각한다. 30년 동안 한 길을 걸어온 나도 젊은 후배에게 구차해 보일지라도 내 가족에게는 영웅이자 선물이니깐. 조상들은 그리하여 지렁이를 흙 속의 용, 토룡(土龍)이라 불렀나 보다. 그럼 나는 걸어 다니는 용, 보룡(步龍)이 될 수 있으려나.

봄이 오면 동면에서 깨어난 지렁이가 봄비 속에서 배치기 하면서 나오겠지.

'반갑다, 토룡아, 비와 노닐다가 눈치껏 흙집으로 돌아가렴, 더 나가려 욕심내지 말고. 나도 연연하지 않고 보룡인 듯 당당하게 걸어서 갈게. 지금까지 해 온 것만으로도 넘치니깐.'

2024년 《동서문학》 제20호

향기 나는 인연

인기리에 방영되었던 드라마가 있다. 〈이상한 변호사 우영우〉이다. 우영우가 앓고 있는 '자폐 스펙트럼'이란 용어가 낯설어 찾아보았다. 자폐 뒤에 '스펙트럼'을 넣은 이유는 무엇일까? 스펙트럼은 무지개가 다양한 색깔을 가지는 것과 같이, 장애의 모습이 광범위한 증상을 가지고 있다는 것을 나타낸다고 한다. 예전에 자폐증, 발달장애 등 다양한 말로 표현했지만, 이런 모든 말을 통합하여 만든 신조어다. 기존 용어에 비해 개방적이고 긍정적으로 다가온다. 사람의 외형적 구조는 같지만, 정신적인 세계는 다양하다. 자폐 스펙트럼인 사람도 판단 능력이 평범하지 않을 뿐이지 자신만의 세계가 있다. 사실적인 연기와 탄탄한 스토리로 인해 자폐 스펙트럼을 가진 사람을 이해하게 되었고, 이 드라마를 통해, 장애인에 대한 편견을 버려, 자연스럽게 대할 수 있을 것 같다.

　20년 전으로 되돌아간다. 후배는 사내 커플이었다. 후배의 딸 은하는 자폐가 있었다. 워킹맘인지라 친정 부모님이 시골에 데려가 은하를 키웠다. 여덟 살이 되자 특수학교로 보내기 위해 은하를 데려왔다. 대신 둘째를 친정에서 키우게 되었다. 후배는 근무 시간 외에는 은하와 함께했다. 퇴근 후 같이 맥주 한 잔하고 싶을 때, 후배 집을 방문하여 잠시 이야기를 나누기도 하였다. 아이를 돌봐줄 사람이 필요했으나 장애가 있어 돌보는 사람을 구하기가 쉽지 않았다. 며칠을 돌보다 못하겠다고 가버리는 일이 많았다. 그럴 때 후배는 눈이 퉁퉁 부어 출근하였다. 언니와 이야기를 나누다가 후배의 딱한 사정을 말하였다. 아는 사람 중에 자녀를 결혼시키고, 시간적 여유가 되어 봉사하고 싶어 하는 사람이 있다고 하였다. 그렇게 하여 언니가 소개한 오십 대 초반의 아주머니가 은하를 돌보게 되었다. 후배는 아주머니를 만나면서 밝아지고 여유로워졌다. 그러면서 셋째도 낳았다.

　그때 후배는 이런 말을 하였다. "선배요, 은하가 길을 가다가 난동을 피웠어요. 말을 알아듣지 못하고, 육체만 성장해서 힘이 어마하게 세요. 도저히 내 힘으로 감당이 안 되더라고요. 순간적으로 내 감정을 주체하지 못해 은하를 때렸어요. 한번 때리고 나니 폭력이 폭력을 불렀어요. 정신없이 아이를 때렸어요. 한참 때리다가 아이의 얼굴을 보았어요. 미움도, 짜증도 없는 아이의 표정, 은하는 그냥 맞고 있었어요. 아프다, 슬프다, 어떤 표현도 못하는 바보, 순간 이런 생각이 들었어요. 만약 저 애가 정상적인 지능을 가진 아이라면 내가 이렇게 때릴 수 있을까. 바보라서 내가 때린 거야. 은하를 붙잡고 한참을 울었어요. 너무 미안해서요."

후배는 이렇게 말했다. "선배요, 내 소원은 은하보다 나중에 죽는 거예요. 엄마 없으면 어떻게 되겠어요. 아무도 돌보아 주지 않고, 천덕꾸러기가 될 거잖아요. 또 하나의 소원은 내가 돈을 모아 퇴직할 때 마을에 있는 작은 목욕탕을 사서, 은하가 목욕탕 카운터를 하도록 할 거예요. 정신연령이 낮지만, 특수학교에 다니니깐 20년 정도 지나면 그 정도는 할 수 있지 않겠어요. 그게 내 소원이에요." 후배 부부는 참으로 은하를 열심히 돌봤다. 정신연령이 낮을 뿐, 누구보다 순수한 아이라고 자랑하였다. 같이 일한 동료들은 수군거렸다. "시설에 맡기지, 동생이 2명이나 있는데 그 애들 생각도 해야지. 그 애들이 무슨 죄가 있어 감당해야 하나." 후배 부부는 아랑곳하지 않고 은하와 함께했다. 이후 근무처가 바뀌어 연락이 끊겼다.

20여 년이 흘렀다. 후배 남편과 잠시 마주치게 되었다. 나를 보더니 정중하게 인사하며 말했다. "선배님은 우리 가족의 은인이십니다. 제가 꼭 식사 대접하고 싶습니다." 나는 눈이 동그래졌다. 알고 보니 아주머니가 아직도 은하를 돌보고 있다고 했다. 은하를 하느님이 주신 소중한 선물이라 생각하며, 지극정성으로 돌봐주신다고도 했다. 은하도 엄마가 없는 시간 아주머니를 믿고 따르고, 아주머니는 은하의 수호천사나 다름없었다. 소개해 주기만 했을 뿐, 이어지는 그 인연을 전혀 눈치채지 못했다. 나로 인하여, 한 가족이 평화를 누리게 되었다고 하니 뿌듯했다. 부부가 자폐 아이를 소중하고, 아름답다고 여기며 정성을 다하니 하나님이 좋은 인연을 붙여주신 것 같았다. '우영우'를 보면서 은하를 떠올렸다. 타인과 비교하여 정신연령이 낮고, 미숙하지만 든든한 후원군이 있어 더불어 행복한 삶을 살고 있었다.

올 봄에 내가 사는 아파트 단지 상가에, 30년 이상 된 목욕탕이 또 문을 닫았다. 목욕탕도 이제 대형화되어 골목을 품고 있는 작은 목욕탕은 하나, 둘 문을 닫고 있었다. 가깝고 조용해서 이용하기 좋았는데, 매우 아쉬웠다. 목욕탕이 사라질 때 후배의 꿈도 같이 사라지는 것을 느꼈다. 은하가 작은 목욕탕 카운터가 되게 하는 꿈, 후배의 그 간절함이 가슴에 와닿았기 때문이다. 연이어 없어진 동네 목욕탕 두 곳, 그 자리에는 요양병원이 들어섰다. 요양병원이 늘어나는 것을 보면, 오래전 인구가 급격히 증가해 둘만 낳아 잘 기르자며 산아제한까지 했을 때, 무덤이 많아 산이 없어질까 두려웠던 기억이 생각난다. 늙고 힘없으면 그곳에 가야 한다고 생각하니 쓸쓸하다. 은하는 부모와 아주머니가 있어 맑은 모습을 안고 살아가고 있을 거야, 지금처럼. 요양병원의 그 쓸쓸함과 은하의 그 맑은 표정을 대비하여 떠올려 본다.

단발머리에 다른 사람 눈을 쳐다보지 못하던 여덟 살 은하를 추억한다. 처음 만났을 때 어떤 말을 해야 하는지, 어떻게 행동해야 할지 난감했다. 마음이 무거웠다. 그래서 눈을 피했다. 그게 은하를 배려하는 것 같았다. 그런 편견들이 후배에게 상처가 되지 않았을까. 그때는 아이를 위해 저렇게까지 자신을 희생하는지 안타까웠다. 그러나 이제야 그 마음을 알겠다. 후배에게 은하는 계산으로 가늠할 수 없는 선물이기 때문이다. "편견이 장애일 뿐 장애는 장애가 아닙니다." 구청 앞에 걸린 현수막에 쓰인 글이다. 후배는 소중한 인연을 가꾸며 살아가고 있는데, 나의 편견으로 판단했던 것이다. 그 편견이 장애가 되어 마음이 무거웠으리라. 그날 은하 아빠에게 대접받은 밥과 향기 나는 커피는 어떤 산해진미보다 맛있었고, 가슴속에 삶의 진한 향기로 남아 있다.

5부

추천의 글

하늘에서 보낸 편지

곽문남
(1995년 11월 11일 귀천한 엄마)

　　　　　선아! 서쪽 하늘이야, 엄마가 부르는 소리 들리니?
　태를 돌돌 말고 태어나 태(胎) 자가 들어간 이름을 불러야 한다고 해서 너의 집 이름이 '태선'이고, 엄마는 너를 '선아'라고 불렀지.
　네가 엄마라고 부르고 싶었던 만큼 나도 '선아'라고 부르고 싶었다. 네가 쓴 글은 하늘에 닿아 다 읽었어. 풍경이라는 이름이 낯설지만 어울리는구나. 가수를 좋아해 팬레터를 쓰던 너의 모습, 언니, 오빠, 동생 사이에서 제대로 된 사랑을 받지 못한 너의 아픔, 들어보니 참 미안하네. 내가 아플 때 휴직하고 같이 기도원을 전전하던 너와의 추억, 언니 아이를 갖게 해달라고 해인사 백련암에서 같이 3천 배를 하던 기억, 내가 사기 피해를 보아, 네가 작성해 준 고소장, 너의 글은 남달랐어. 마지막 가는 길에 혀가 먼저 말리는 바람에 못다 한 말은 결혼시키지 못하고 가서 미안하다는 말이야. 사는 게 별거 아니지. 엄마가 서쪽 하늘로 갔을 나이에 너는 작가가 되고, 통기타로 노래하고, 이렇게 책을 내게 되었네. 역시 우리 딸은 남달라. 너의 글은 여기서도 향기를 피운단다. 엄마 때문에 더 이상 울지 말고, 엄마의 글은 그만하면 되었어. 다음에는 더 풍격 있는 글로 독자에게 공감받는 글을 쓰길 바란다. 축하한다.

이풍경이 긋는 분홍유도선을 따라가면 포근함에 가닿겠다

문무학
(문학평론가, 시조시인)

　　　　　수필가 이풍경의 《분홍유도선》은 삭막한 세상 풍경을 사랑의 풍경으로 유도한다. 사랑으로 유도하기 위한 열정이 넘쳐난다. 고속도로나 교통 요지 나들목에 칠해진 분홍유도선을 '감성 연필'로 줄을 그어 확장된 상징을 보여준다. 내 사랑을 든든히 하고 직장(경찰서)을 친절한 곳으로 만들고, 우리 모두의 내일을 내다보게 한다. 풍격 있는 분홍유도선을 그의 길에만 긋는 것이 아니라 세상 속으로 그어서 우리 모두의 삶을 따뜻하게 한다.
　　좋은 수필은 작가 내면의 개성 있는 시선이 아름다운 문장으로 표현되어 독자에게 깊은 공감을 주고 통찰하게 해야 한다. 이풍경은 첫 수필집에서 그 조건을 골고루 버무려서 맛과 향기를 깊게 한다. 이(李)풍경의 수필은 그야말로 다른(異) 풍경이다. 깊은 공감은 그윽한 것이고, 다른 것은 새로운 것, 그윽함과 새로움을 찍어낼 분홍 물감은 그의 가슴에 그득하게 고여 있으리라. 이풍경이 긋는 분홍유도선을 따라가면 포근함에 가닿겠다.

아끼며 읽은 글

이상열
(문학평론가, 수필가)

　　　　　　이풍경의 글, 세 관점에서 봤다. 먼저 작가의 언어다. 그녀의 글은 담백하다. 그렇다고 가볍지 않다. 진중한 삶이 담겨 있기 때문이다. 문장은 활발하면서도 민첩하다. 간결하고도 속 깊은 서정, 이풍경의 언어다. 다음은 시선이다. 사소한 것들에 대한 시선이 깊다. 특히, 타자에 대한 시선이 특별하다. 그들의 삶을 적극적으로 받아들여 자신의 서사 속에 당당한 중심이 되게 한다. 부르기가 곤란한 민원인의 이름 한 번 부르는 순간에도 그를 배려한다. 찾아 읽어 보라. 작품 〈異풍경〉, 내가 아끼며 읽은 글이다. 평범한 것을 특별하게, 사소한 것을 중요하게 보는 작가의 시선이 특별한 것이다. 다음은 작가의 품성이다. 그녀는 솔직하고 맑다. 사람이 이렇게 투명하고 자유로워도 사는 데 별 지장이 없구나, 싶은 생각이 든다. 맑은 글에 대한 맑은 독서 한 번에 세상이 맑아지는 느낌이다. 말마따나 '나는 길치다.' 선언해버린다. 누가 인생길 능수능란하다 하겠나. 모두가 처음 가보는 길이기에 이풍경은 길치일 권리가 있다. 남은 장 줄어들어 책장 넘기기가 아까운 글, 아는가. 이풍경의 글, 그녀가 본 삶의 풍경까지 이리도 아깝다. 아껴보고 아껴 살 생각을 하니 이 순간이 안달난다.

응원합니다

박무출
(별의별, 달서구의회 정책지원관)

이풍경 작가의 글에는 사람을 향한 따뜻한 사랑, 경찰로서의 모범적인 직업정신, 그리고 사회를 향한 선한 영향력과 봉사 정신이 고스란히 담겨 있습니다. 하루하루를 세심한 관심과 깊은 통찰력으로 허투루 보내지 않고, 진주처럼 빛나는 날들로 만들어 만들어낸 작가의 노력과 땀이 글 속에 진하게 배어 있습니다. 작가의 진솔한 이야기는 우리에게 미소를 짓게 하고, 가슴 뭉클하게 하며, 소중한 경험을 함께 나눌 수 있습니다. 작가로서 멋진 출발을 진심으로 축하하며, 앞으로 활발한 행보를 응원합니다.

호기심 천국

이은주
(별의별, 수필가, 삼덕기억학교 원장)

그녀의 쳇바퀴는 집, 경찰서(직장), 기타 연습실이다. 아울러 그녀가 사랑하는 것은 책, 글, 기타 연주이다. 그녀의 글에 함께 웃고 울며, 애잔한 삶을 나눈 이야기들이 아름다운 글로 묶였다. 참, 신기하다. 풀어내도 뽑아내도 끝없이 이어지는 별의별 이야기를 머금은 그녀가 사랑스러운 글로 다시 태어났다. 사람과 사물에 대한 애정과 뛰어난 통찰은 경찰 조사관이라는 직업적 특성과 더불어 타고난 관찰력과 호기심이 서린 기질 때문일 것이다. 삶이 풍성한 경찰(豊警)에서 아름다운 풍경(風景)처럼 살면서 아름다운 소리(風磬)를 품어내기를 소망하는 그녀의 이야기에 공감을 보낸다. 어느새 내 가슴에도 맑은 풍경 소리가 은은하게 스며든다.

풍경의 내비게이션은 언제나 켜져 있을 거야

은하
(직장 동료)

여자 경찰관으로 묵묵히 일하고 있는 친구, 같이 퇴직하자고 약속했지만 내가 약속을 어기고 명예퇴직하고 나왔어. 퇴직하는 날 꽃바구니를 들고 찾아온 너의 눈에는 눈물이 그렁그렁했어. 그런 네가 갑자기 책을 낸다며 원고를 보내주며 글 하나 써달라는 말에 놀랐어. 늘 주는 것밖에 하지 못한 네가 처음으로 나에게 부탁을 했으니 말이야. 경찰서에서 가장 민원을 많이 대하고 바쁜 경제팀에서 14년을 일하던 네가 언제 글을 쓰고, 책을 내게 되었는지 참으로 신기하네. 지난해 경찰의 날 행사장에 기타를 들고 축하 공연을 하던 너의 모습, 네가 부른 노래는 진심이 배여 있더라. 정말 너의 이름처럼 아름다운 풍경이었어.

글 소재가 일터와 일상에서 때 묻지 않은 순수함이 한 장 한 장 고스란히 녹아 있네. 책 속에서 너의 애환과 사람에 대한 사랑, 떠난 사람에 대한 그리움이 느껴진다. 인사이동으로 고민하던 너의 모습이 〈보룡(步龍)이 될 수 있을까〉에 녹아 있네. 다음 작품은 퇴직하고 자유인이 되어 풍경(風景)으로 책을 낼 것이라고 하는데, 그동안 제복 속에 묻어 둔 너의 그 독특한 감성이 어떻게 펼쳐질지 궁금해진다. 이제는 조금 내려놓고 바다처럼 받는 데 익숙해졌으면 좋겠어.